WIE ZEICHNE ICH
EINEN KOPF UND EIN PORTRÄT

WIE ZEICHNE ICH

EINEN KOPF UND EIN PORTRÄT

JOSÉ M. PARRAMÓN

EDITION
MICHAEL FISCHER

Titel der Originalausgabe: „Cómo dibujar la cabeza humana y el retrato“
Aus dem Spanischen übertragen von Christa L. Cordes

9. Auflage 2001

Autor: José M. Parramón Vilasaló

Herstellung und Satz:
Verlagsservice Henninger GmbH, Würzburg

Printed in Spain

ISBN 3-924433-07-0

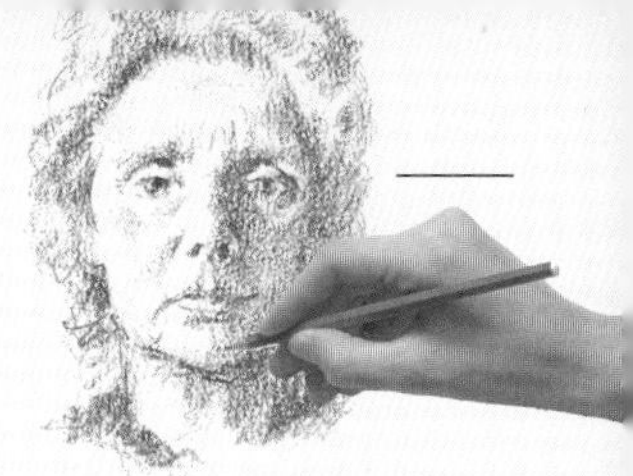

Inhaltsverzeichnis

Abb. 1: Jean-Auguste Dominique Ingres (1780–1867), Selbstporträt, Bleistift, Zeichenkabinett, Louvre, Paris. Aufgrund seiner außerordentlichen Beherrschung dieser Kunst wurde Ingres der bekannteste Zeichner und Porträtist des 19. Jahrhunderts. Er verteidigte den Klassizismus, war ein Anhänger und Bewunderer Raffaels und betrachtete wie dieser die Zeichnung und die Form als Grundlage eines jeden Kunstwerks. Ihm wird der Ausspruch zugeschrieben: „Die Zeichnung enthält alles außer der Farbe.“

1

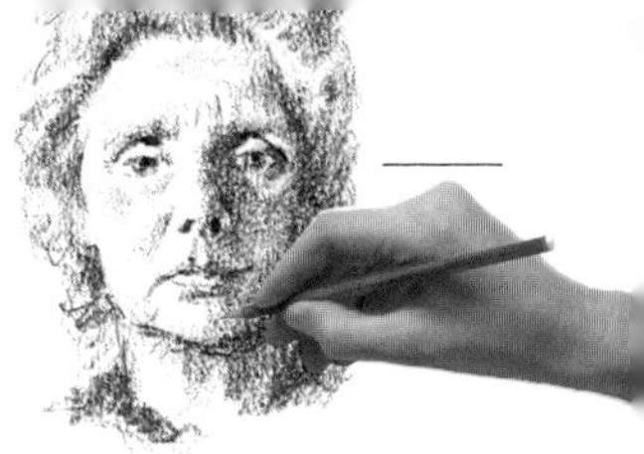

Ingres an seine Schüler

Beugt das Knie vor der Schönheit.
Bedenkt, daß der Mensch nach dem
Bilde Gottes geschaffen wurde.
Seine Züge sind nicht leicht darzustellen,
denn Gott selbst hat gewollt, daß Eva
sich von Adam unterscheide und Adam
anders sei als die übrigen Männer.
Trotzdem dürfte seine Zeichnung nicht
zu schwierig sein, denn kein anderes Wesen
ist euch so lieb und so gegenwärtig
wie der Mensch.

Ingres an seine Schüler

Fünfhundert Jahre vor Christi Geburt untersuchte ein griechischer Bildhauer namens Poliklet die idealen Maße des menschlichen Körpers und stellte einen Kanon auf, in dem er festhielt, daß die Idealgröße der menschlichen Gestalt das Siebeneinhalbfache seiner Kopfhöhe beträgt. Nach dieser Regel schuf Poliklet seine Statue des „Doryphoros", die die griechische Kunst stark beeinflußte. Später legte ein weiterer berühmter griechischer Bildhauer, Lisippos, die ideale Größe einer Gestalt mit acht Kopfhöhen fest. Seit der Renaissance wurde der Kanon von Dürer, Leonardo da Vinci, Raffael, Michelangelo etc. immer wieder untersucht. Dabei befaßten sich die Künstler nicht nur mit der Größe des menschlichen Körpers, sondern auch mit den Gesichtsteilen und dem Kopf. Mit diesen Gesichtsteilen und dem menschlichen Kopf wollen wir uns nun befassen, damit Sie lernen, wie man einen menschlichen Kopf und ein Porträt zeichnet.

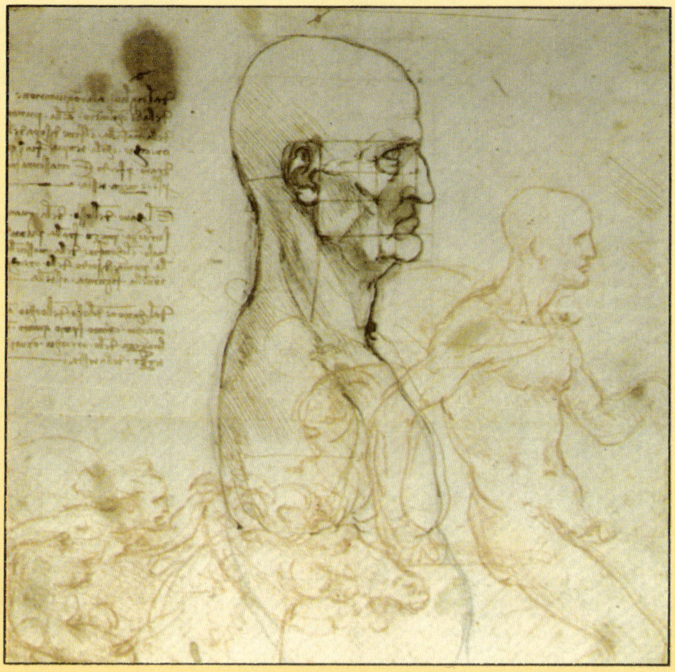

2

Der Kanon des menschlichen Kopfes

Die Anthropometrie

3

Paris, ein Nachmittag des Jahres 1879.
In der Polizeipräfektur legt ein Beamter eine Pistole auf den Schreibtisch des Präfekten und zeigt auf einen Festgenommenen: „Marcel Dupont, bewaffneter Raubüberfall."
Der Präfekt betrachtet den Festgenommenen. War es seine erste Straftat, kommt er mit einer geringen Strafe davon, handelt es sich um einen Wiederholungstäter, wird die Strafe schwerer ausfallen.
„Bringen Sie ihn zu Monsieur Bertillon", ordnet der Präfekt an.
Alphonse Bertillon ist ein kleiner Angestellter. Vor drei Monaten hat er eine neue Methode zur Identifizierung der Täter vorgeschlagen. Sie beruht auf Fotos und den Körpermaßen. Der Präfekt hält allerdings nicht viel davon. Plötzlich zieht Bertillon eine Karteikarte hervor.
„Das ist nicht Marcel Dupont, Herr Präfekt, sondern der Mörder Martin, der vor seiner Verurteilung flüchten konnte. Er hat sein Haar gefärbt, konnte jedoch nicht seinen Knochenbau verändern!"
An diesem Nachmittag des Februar 1879 wird die Grundlage für einen neuen Zweig der Anthropologie gelegt, jener Wissenschaft also, die den Menschen sowohl unter körperlichen als auch moralischen Aspekten betrachtet. Alphonse Bertillon gibt ihr den Namen Anthropometrie.
Die Anthropometrie untersucht die Maße und Proportionen des menschlichen Körpers oder eines Teiles davon.
Die Anthropometrie steht in unmittelbarer Beziehung zur Kunst des Aufbaus und der Zeichnung des menschlichen Körpers. Sie beweist uns, daß kein Körper dem anderen gleicht.
Ebenso wie die Morphologie und die Anatomie hat sie die Proportionen von

4

Abb. 2 (vorige Seite): Leonardo da Vinci, Proportionen des menschlichen Gesichts, Sepiatinte, Akademiegalerie, Venedig. Wie zahlreiche Künstler der Renaissance untersuchte Leonardo die idealen Proportionen des menschlichen Körpers und insbesondere des Gesichtes und versuchte eine Formel bzw. einen Kanon zu finden, der dessen Zeichnung erleichterte.

Abb. 3: Der Franzose Alphonse Bertillon untersuchte 1879 zum erstenmal wissenschaftlich die Maße und Proportionen des menschlichen Körpers und begründete die Anthropometrie. Diese spielt eine bedeutende Rolle beim Aufbau und der Zeichnung eines Kopfes und eines Porträts.

Abb 4 und 5: Zeichnung nach dem Gipsmodell des griechischen Philosophen Seneca, der Kopie einer Bronzebüste aus dem Herculaneum (Nationalmuseum Neapel). Aufgrund der zahlreichen Büsten von Denkern, Philosophen und Politikern der griechischen Antike läßt sich ein Vergleich mit den Maßen und Proportionen des Kopfes von heute und ein künstlerischer Kanon des menschlichen Kopfes ermitteln.

Tausenden von Körpern ermittelt und nach Rassen, Geschlechtern und Altersgruppen verglichen. Sie hat auch die Maße untersucht, mit denen Maler und Bildhauer zu allen Zeiten arbeiteten. Sie ermöglicht es dem heutigen Künstler, die Maße und Proportionen des menschlichen Körpers besser zu erfassen.

Der Wissenschaftler von Lange – um nur ein Beispiel aus dieser komplizierten Untersuchung zu nennen – hat eine Million Männer erfaßt und ermittelt, daß davon 300 000 rund 165 cm groß waren, 400 000 rund 175 cm und 300 000 über 175 cm maßen. Von Lange legte die Höhe des Kopfes mit 22,5 cm fest und bemerkte dazu, daß dieser Körperteil die konstanteste Größe besitzt.

Richter, Stratz, Fritsch u.a. haben unzählige Vergleiche zwischen dem heutigen menschlichen Körper und den wichtigsten Skulpturen der griechischen Antike und der Moderne angestellt. Auf diese Weise bestimmten sie wissenschaftlich den Kanon des natürlichen Menschen und des Menschen in der Kunst.

5

Abb. 6: Der Doryphoros des griechischen Bildhauers Poliklet (Nationalmuseum Neapel). In seinem Kanon stellte der Künstler fest, „daß ein idealer menschlicher Körper siebeneinhalb Kopfhöhen messen müsse." Diese Regel, die er auch auf den Doryphoros anwandte, beeinflußte die Bildhauer seiner Zeit erheblich (500 v. Chr.).

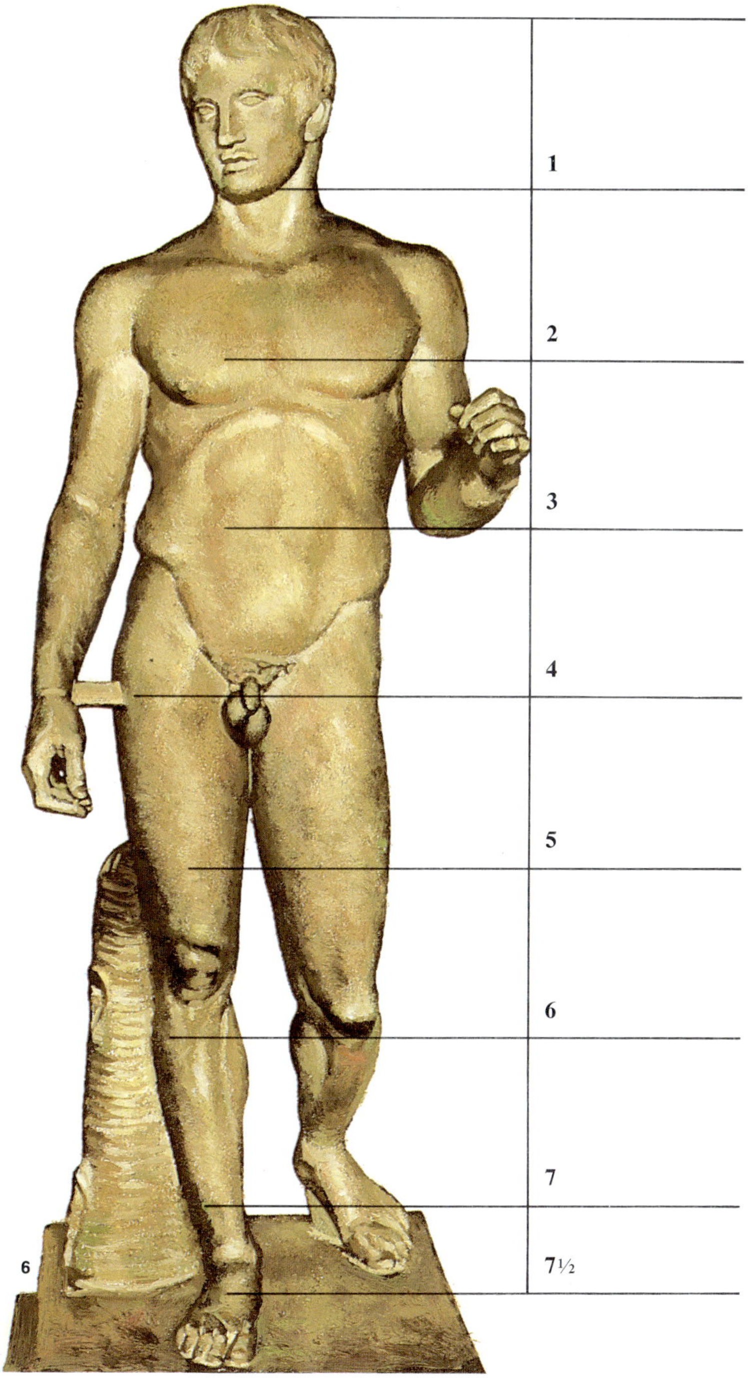

6

Was ist ein Kanon?

Abb. 7: Kanon des menschlichen Körpers von Albrecht Dürer (1471– 1528), der acht Kopfhöhen für das Idealmaß hielt.

Abb. 8 und 9: Der heutige Kanon des menschlichen Körpers geht auf jene der Renaissancekünstler zurück, jedoch mit einigen Varianten für die Lage des Schambeins, der Brustwarzen und der Knie.

7

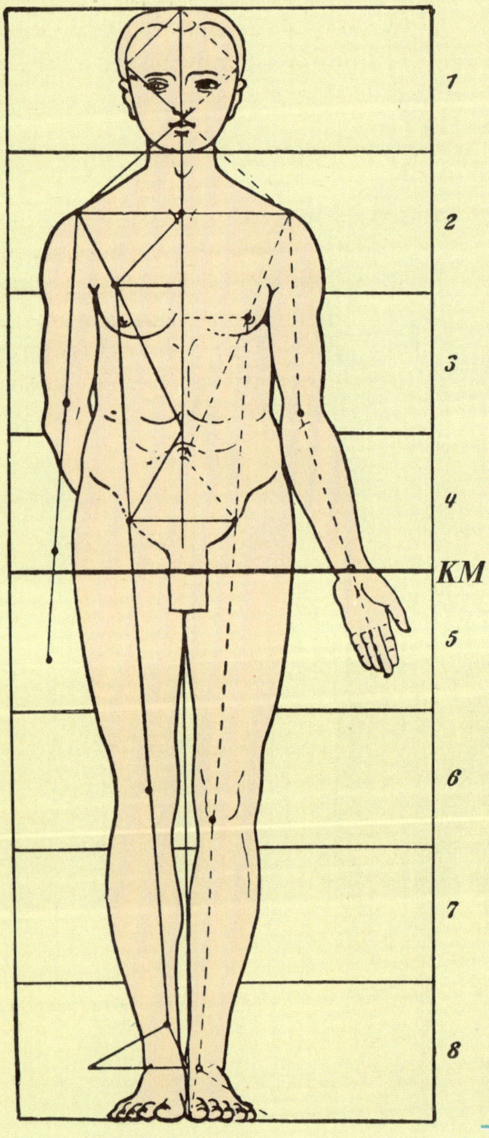

8

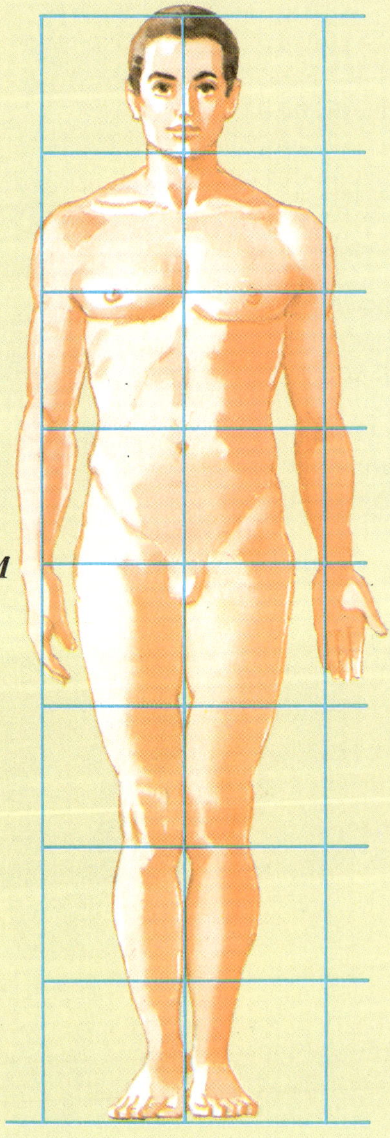

9

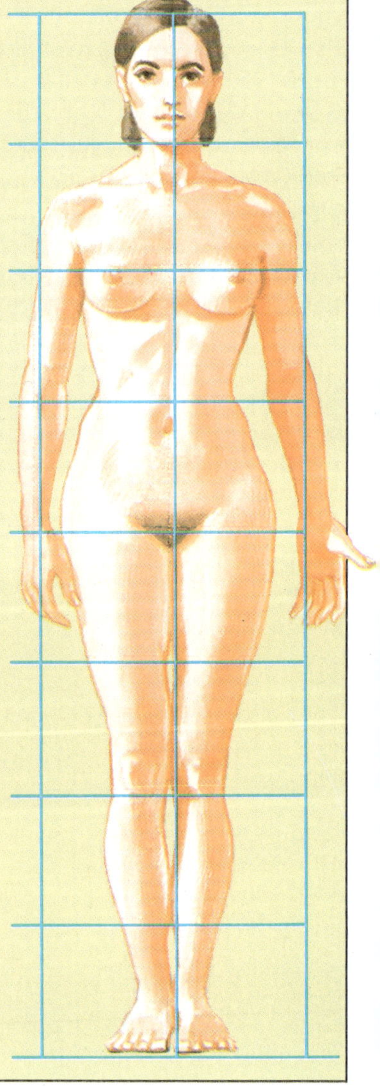

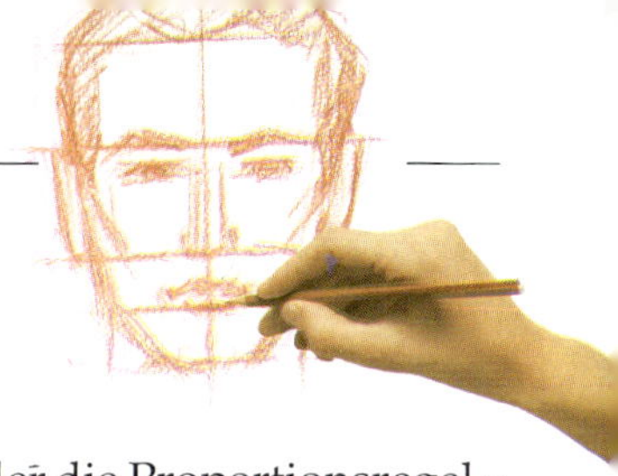

Bevor wir einen Kopf, ein Gesicht oder ein Porträt zeichnen, müssen wir uns zunächst mit den allgemeinen Maßen und Proportionen des menschlichen Kopfes befassen. Dazu bedienen sich die Wissenschaftler und die Künstler des Kanons.

Unter dem Kanon versteht man die Regel oder Methode, nach der Maße und Proportionen des menschlichen Körpers auf der Grundlage einer Maßeinheit – dem Modul – zueinander in Beziehung gesetzt werden.

Betrachten Sie als Beispiel für diese Definition Abbildung 7 gegenüber. Sie zeigt die Proportionen des menschlichen Körpers nach dem Kanon der acht Köpfe und stammt von dem deutschen Künstler des 16. Jahrhunderts Albrecht Dürer (als Maßeinheit gilt hier die Höhe des Kopfes).

Der Kanon – oder die Proportionsregel – ist aus vergleichenden Unterlagen (wie den zuvor erwähnten) hervorgegangen. Er bestimmt die Idealmaße des normalen Menschen sowie des Menschen in der Kunst – hier mit leichten Abwandlungen, um die künstlerische Schönheit des menschlichen Körpers herauszustreichen.

Der Kanon ist eine wertvolle Hilfe bei der Ermittlung der Proportionen und dem Aufbau einer Gestalt.

Die Idealmaße des menschlichen Kopfes

Stellen Sie sich einen Kopf mit den Idealmaßen vor, gewissermaßen ein repräsentatives Modell für alle Köpfe. Betrachten Sie diesen Kopf von vorn und im Profil, wie er in der Kartei des berühmten Alphonse Bertillon auftauchen würde (Abb. 10 und 11).

Abb. 10 und 11: Hier ein Kopf von vorn und im Profil, den ich ohne Modell entsprechend den Maßen und Proportionen jenes Kanons gezeichnet habe, den wir auf den folgenden Seiten untersuchen wollen.

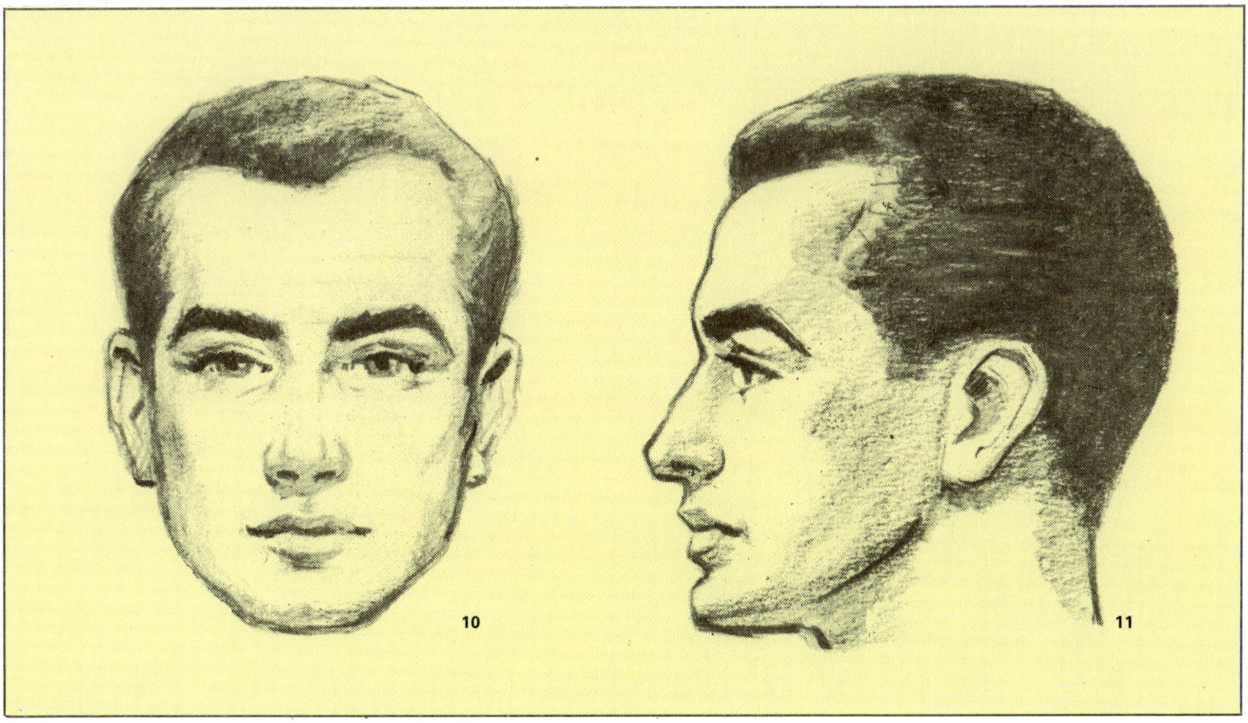

10

11

Der Kopf von vorn

12

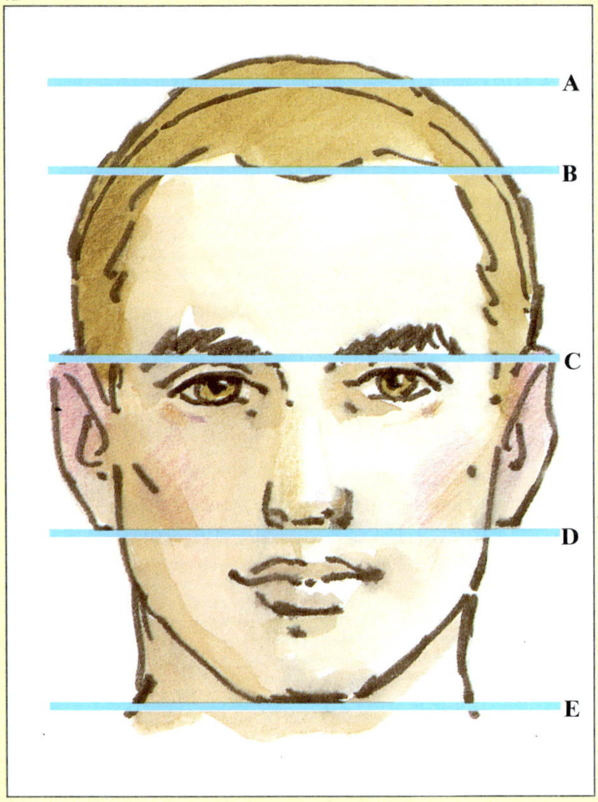

13

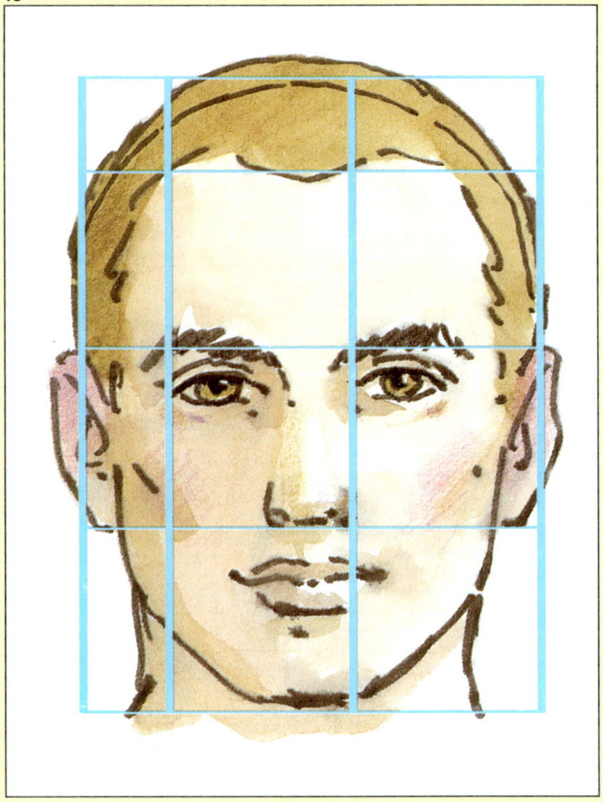

14

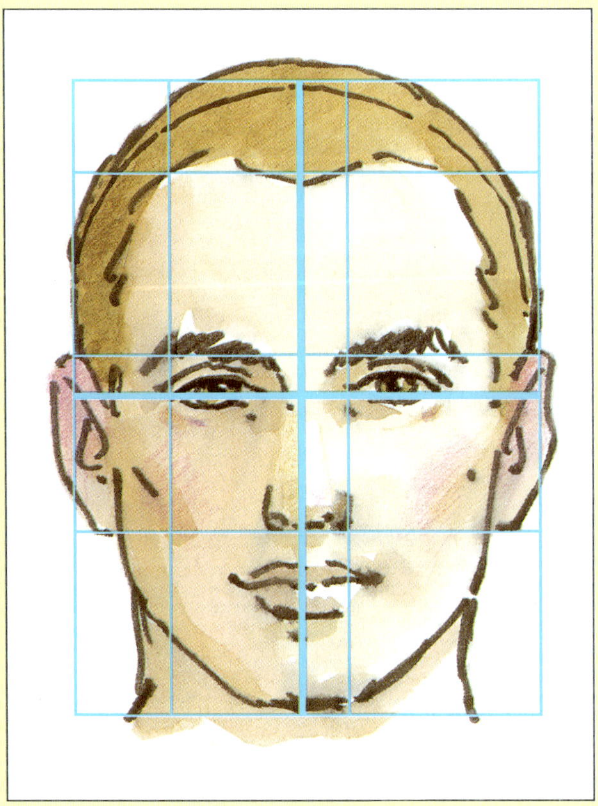

15

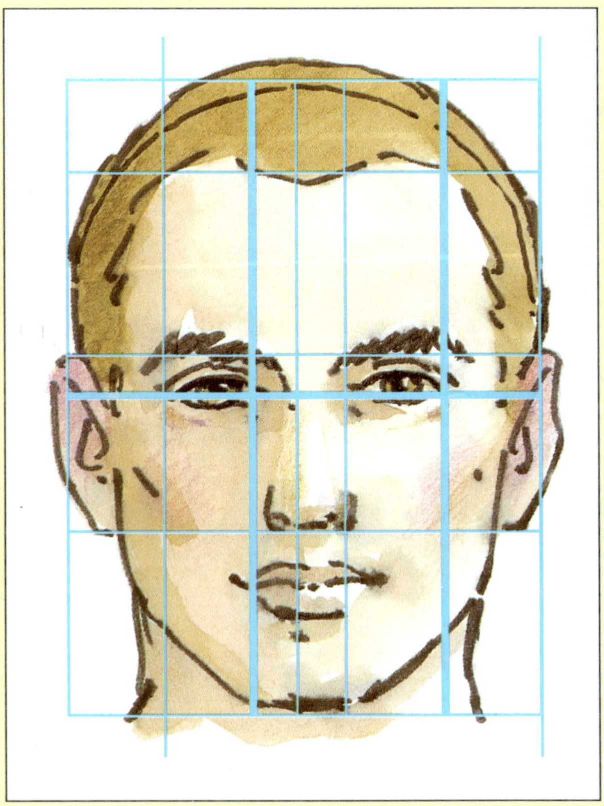

Verstehen Sie, was ich meine? Untersuchen wir jetzt den Kanon, den ich beim Zeichnen des Kopfes verwendet habe. Dieser Kanon der Proportionen läßt sich auf jeden Kopf eines erwachsenen Menschen anwenden. Den Kanon des Kinderkopfes untersuchen wir später.

Abb. 12: Der Kanon des menschlichen Kopfes entspricht dem Dreieinhalbfachen der Stirnhöhe. Diese stellt also die Maßeinheit – oder das Modul – dar, nach der sich alle Proportionen berechnen lassen. Teilen Sie die Höhe des Kopfes durch waagerechte Linien in dreieinhalb Abschnitte, erhalten Sie die Lage und die Proportionen folgender Elemente:

A. *Den oberen Umriß des Kopfes oder Schädels, ohne Berücksichtigung der Dicke des Haars,*
B. *den Haaransatz,*
C. *die Lage der Augenbrauen und die Größe der Ohren,*
D. *die Unterkante der Nase,*
E. *den unteren Umriß des Gesichtes.*

Abb. 13: Die Breite des Kopfes entspricht dem Zweieinhalbfachen der Stirn als Maßeinheit. Aufgrund dieser Aufteilung läßt sich für den Aufbau die folgende Regel aufstellen: Die Höhe und die Breite eines von vorn gesehenen menschlichen Kopfes ergeben ein Rechteck aus dreieinhalb Maßeinheiten in der Höhe und zweieinhalb Maßeinheiten in der Breite.

Abb. 14: Legen wir jetzt die senkrechte und die waagerechte Mittellinie dieses rechteckigen Rahmens fest, erhalten wir auf der Senkrechten den Platz für die Nase und den Mund und auf der Waagerechten den für die Augen. Daraus folgt:

Die Augen des Menschen befinden sich genau in der Mitte des Kopfes.

Abb. 15: Teilen wir die gesamte Breite des Rechtecks in fünf Abschnitte, bestimmen wir das Maß der Augen. Beachten Sie folgende wichtige Regel:

Der Abstand zwischen den beiden Augen entspricht genau einer Augenbreite.

Abb. 16: Die Lage des Mundes – im Profil der Unterlippe – befindet sich auf der Teilungslinie der unteren Maßeinheit.

16

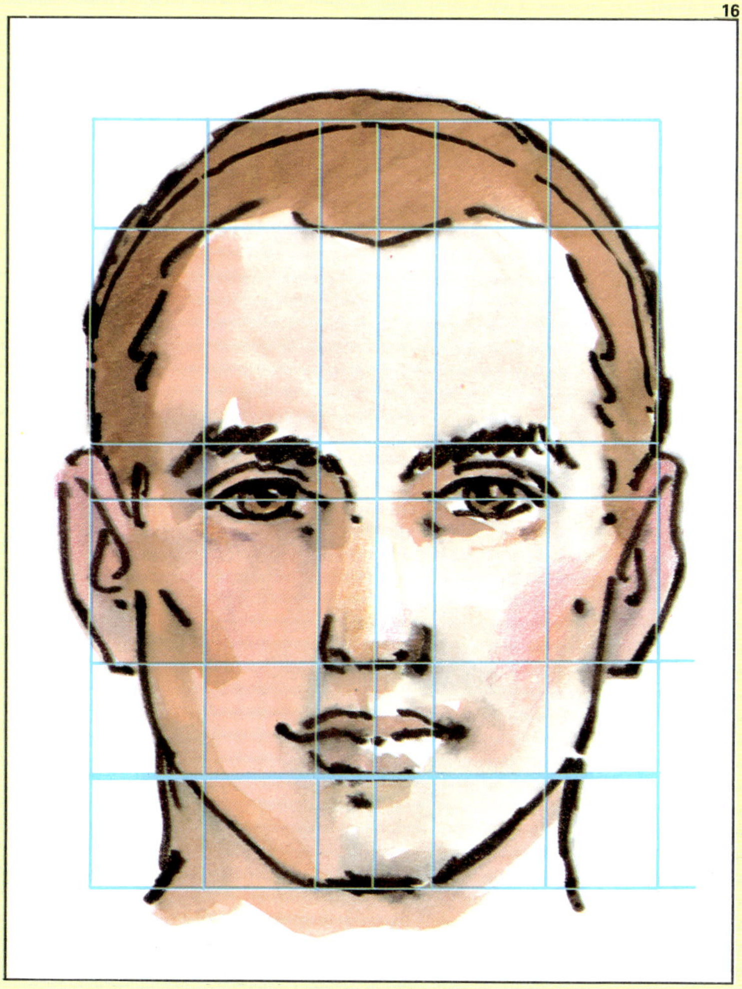

Abb. 12 bis 16: Hier der Kanon des Kopfes eines Erwachsenen von vorn. Ich bitte Sie, mit einem Bleistift HB, einem Lineal und Winkelmaß das Quadratnetz dieses Kanons zu zeichnen und anschließend darauf den Kopf eines Erwachsenen zu legen. Auf diese Weise lernt und erinnert man sich am leichtesten, daß die Höhe und die Lage der Ohren dem Abstand zwischen den Brauen und der Unterkante der Nase entspricht, daß die Augen in der Mitte des Kopfes liegen, daß der Abstand zwischen den Augen der Breite eines weiteren Auges entspricht etc.

Der Kopf im Profil

17

Abb. 17: Unter Zugrundelegung desselben Kanons erkennen wir, daß sowohl die Höhe als auch die Breite des Kopfes dem Dreieinhalbfachen der Stirnhöhe entsprechen. Daraus folgt:

Die Maße des äußeren Rahmens des Kopfes im Profil bilden genau ein Quadrat.

Abb. 18 und 19: Die waagerechte Aufteilung, die wir bereits bei der Frontalansicht gezeichnet haben, gibt auch hier die Stellen für das Auge, die Augenbrauen, die Nase, das Ohr, den Mund etc. an.

18

19

20

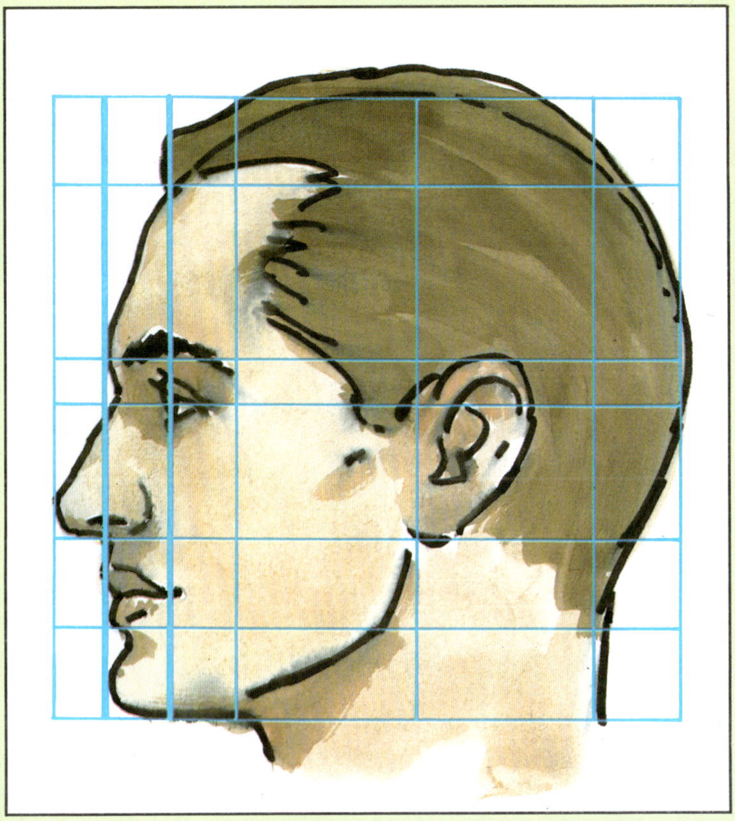

Abb. 20: Teilt man eine Maßeinheit, also ein Modul, in drei gleiche Teile, erhält man verschiedene Anhaltspunkte, um den Neigungswinkel des Gesichts zu ermitteln und gleichzeitig die Lage der Augenbraue, des Auges, der Nase, des Munds etc. zu überprüfen.

Abb. 17 bis 21: Die Zeichnung eines Kopfes im Profil wird um so leichter, wenn man sich an die Gegebenheiten des Kanons des von vorn gesehenen Gesichtes erinnert (Abb. 12 bis 16) und diese entsprechend berücksichtigt. Ich rate Ihnen, den nebenstehenden Kopf zu zeichnen, bevor Sie mit dem Studium fortfahren.

21

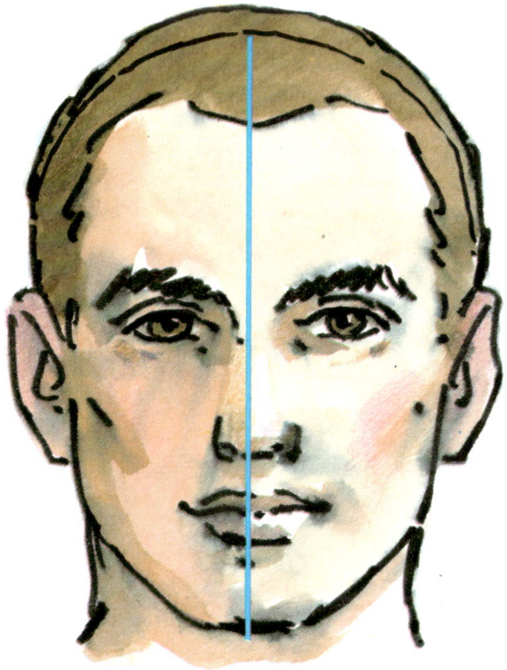

Abb. 21: *Der Kopf des Menschen ist symmetrisch*

Dies ist eine weitere Grundregel, an die Sie sich immer halten müssen.

Teilt man die Zeichnung eines von vorn gesehenen Gesichtes in der Mitte der Länge nach durch, erhält man links die genaue seitenverkehrte Wiedergabe der rechten Seite. Daraus ergibt sich eine außerordentlich wichtige Schlußfolgerung:

> *Aufgrund seines symmetrischen Aufbaus besitzt der Kopf des Menschen unabhängig von seiner sonstigen Physiognomie in der Mitte eine für seinen Aufbau wichtige Achse:*
>
> DIE SOGENANNTE SYMMETRIE DES GESICHTES.

Im Grunde ist es gar nicht so schwierig, einen Kopf von vorn zu zeichnen. Wir haben es schon gesehen: Man benötigt nur das Quadratnetz des Kanons, zeichnet das Oval des Kopfes hinein, legt die Augen im Abstand einer weiteren Augenbreite in die Mitte und plaziert die Augenbrauen, die Ohren und den Mund jeweils symmetrisch zur senkrechten Nase. Das ist ziemlich einfach. Verändert man jedoch die Haltung des Kopfes, dreht man ihn zur Seite, in die Dreiviertelansicht oder schaut er nach oben bzw. unten, treten Verkürzungen auf. Man muß zusätzlich die Perspektive und die Anatomie beherrschen, genau hinsehen, berechnen und manchmal sogar raten. Das ist schwierig, aber nicht unmöglich. Vor allem dann nicht, wenn Sie die folgenden Seiten mit Papier und einem Stift in der Hand durcharbeiten und dabei selbst Linien ziehen, rechnen und kalkulieren.

22

Der Aufbau des menschlichen Kopfes

Der Schädel

Beim Neugeborenen sind der Schädel und die Augen im Verhältnis zur Nase, dem Mund und dem Kinn besonders groß. Nach dem Durchbruch der Zähne nimmt der Kiefer einen größeren Umfang an, das Gesicht dehnt sich aus, und die Stirn springt stärker hervor. Gleichzeitig erschlafft die Haut, und die Gesichtszüge werden ausgeprägter. Nach dem Verlust der Zähne tritt das Kinn wieder zurück. All diese Veränderungen des Gesichtes sind ein äußeres Kennzeichen des jeweiligen Alters. Aber auch aufgrund des Geschlechts treten gewisse Unterschiede innerhalb der Maße und Proportionen auf, allerdings sind sie gering. Im folgenden Kapitel untersuchen wir jene Züge, anhand derer man das unterschiedliche Alter der Männer, Frauen und Kinder erkennt.
Wir wollen hier nicht die übliche Liste der Knochen behandeln, sondern uns auf die großen Linien, die Form und den Mechanismus des Kopfes beschränken. Wir brauchen nur zu wissen, wie der menschliche Schädel aufgebaut ist, denn dieser ist für die Kopfform von entscheidender Bedeutung. Betrachten Sie zum Beispiel die nebenstehende Abbildung. Der hellbraune Umriß entspricht der Außenbegrenzung des Kopfes und zeigt deutlich, daß die Haut- und Muskelschicht am Kinn, auf den Wangen, der Stirn und dem Kopf äußerst dünn ist. Da die Schädelform die Gesichtszüge bestimmt, denkt man beim Zeichnen eines Kopfes in erster Linie an den Schädel. *Er bildet für uns das Schema oder die Grundform, mit der wir die Zeichnung umrahmen.*

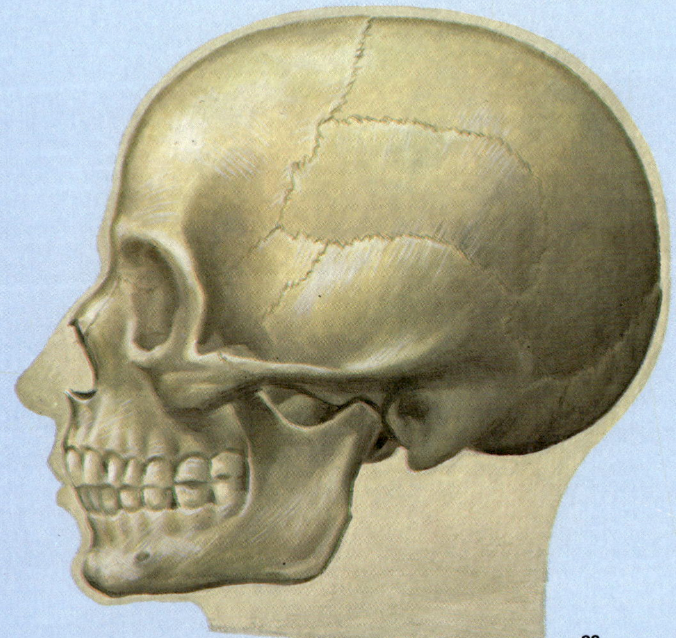

23

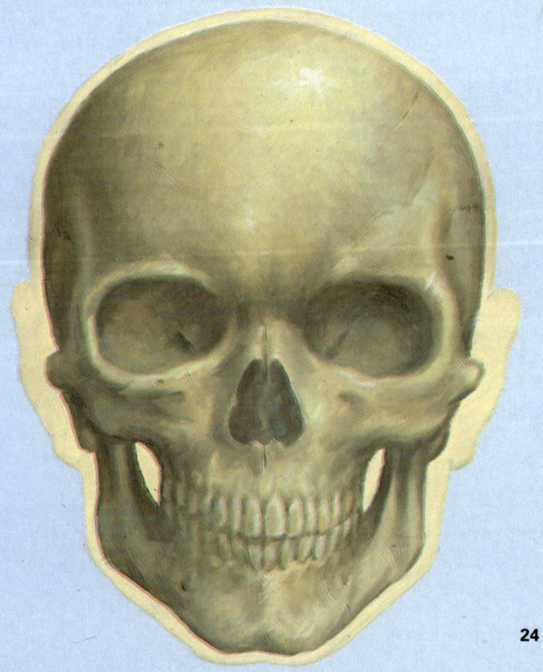

24

Abb. 22 (vorige Seite): Edgar Degas (1834 bis 1917), Kopfstudien, Skizzenblock, Bleistift und Aquarellfarbe. Nationalbibliothek, Paris.

Abb. 23 und 24: Man sollte den Schädel von vorn und im Profil kennen, denn er bestimmt wesentlich die äußere Form des Kopfes und Gesichtes. Die Form der Stirn, der Schläfen, der Wangen, der Nase und des Kinns entspricht genau der Form der dazugehörigen Knochen. In diesem Zusammenhang sei an einen Ausspruch Ingres' erinnert, der sagte: „Um die Oberfläche des menschlichen Körpers darzustellen, sollte man zunächst den inneren Aufbau beherrschen."

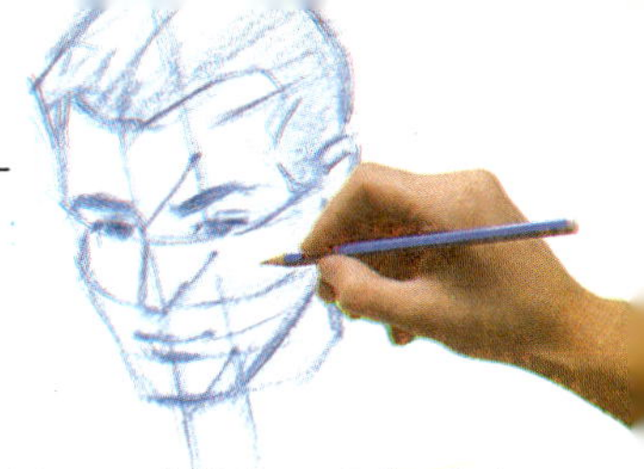

Die Grundstruktur

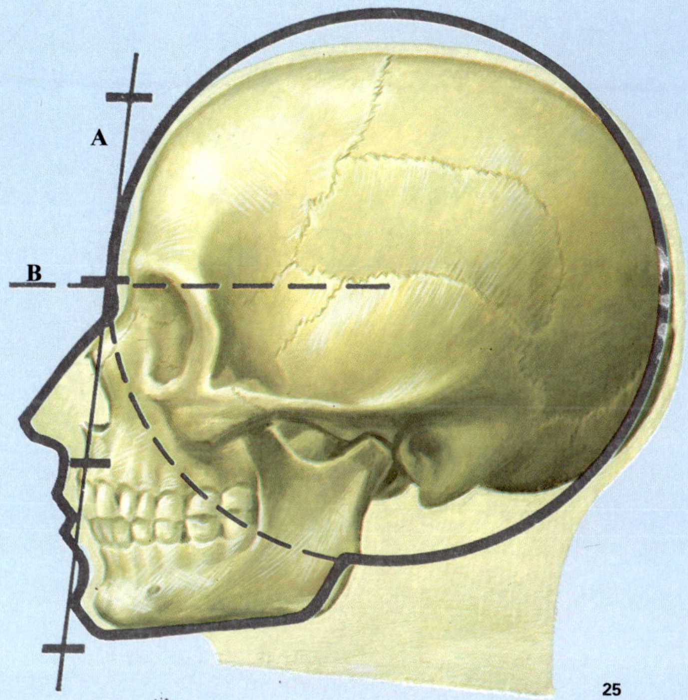

25

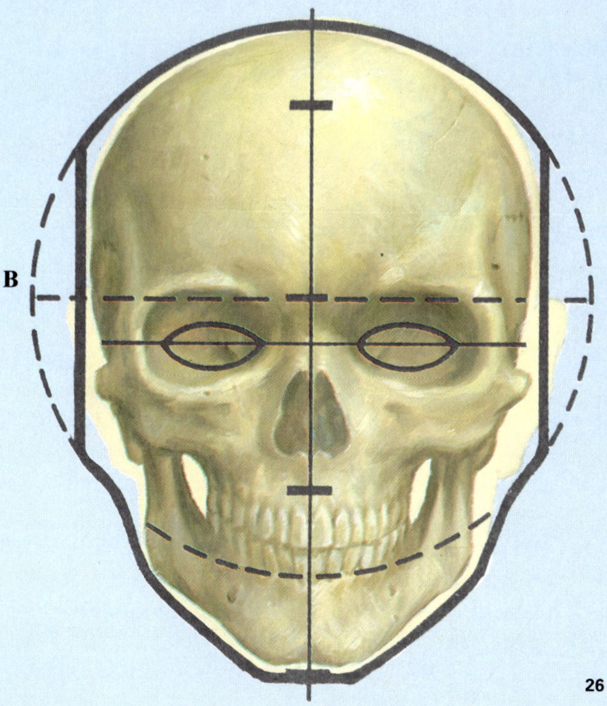

26

Der Anblick des menschlichen Schädels erinnert uns daran, daß dieser aus zwei Hauptteilen besteht: dem eigentlichen Schädel und dem Gesicht (aus dem oberen Block und dem Unterkiefer).

Letzterer ist der einzige Knochen, der sich bewegen oder verschieben läßt, wenn man beim Sprechen, Essen, Lachen oder Weinen den Mund öffnet oder schließt.

Zurück zur Einrahmung, denn der vorige Absatz betraf bereits den Ausdruck, mit dem wir uns später befassen werden. Analysieren wir den menschlichen Schädel und betrachten wir ausschließlich die Grundformen und deren Plazierung.

Von der Seite gesehen, läßt sich der menschliche Kopf im wesentlichen auf die Form einer Kugel reduzieren, an die wir unten als schematische Linie den Kiefer hängen. Beachten Sie, daß die Linie A eine Neigung von etwa 80 Grad besitzt. Anschließend teilen wir diese Linie nach Augenmaß in dreieinhalb Maßeinheiten (Abb. 25).

In der Frontalansicht ist die Kugel an den Seiten etwas abgeflacht. Die restliche Einrahmung ergibt sich aus der Kinnlinie und jener bewußten *Symmetrieachse des Gesichtes,* die man nur in dreieinhalb Maßeinheiten zu unterteilen braucht, um die einzelnen Gesichtsteile zu plazieren. Dabei ermittelt man die Lage der Augen nach Augenmaß, denn sie liegen bekanntlich im Abstand einer weiteren Augenbreite unter den Brauen und sind jeweils ein Fünftel des Gesichtes breit (Abb. 26).

Im Hinblick auf den folgenden Aufbau sei an die Teilungslinie B erinnert, die die Lage der Augenbrauen angibt und bei der Frontalansicht als auch im Profil genau durch die Mitte des Kopfes läuft.

Abb. 25 und 26: Nun aufgepaßt! Betrachtet man den menschlichen Schädel, erkennt man, daß er grundsätzlich aus einer Kugel besteht, zu der man nur die Form der Nase und die Kieferknochen fügen muß, indem man die Linie A etwas verlängert. Dann erhält man einen menschlichen Kopf im Profil (Abb. 25). Von vorn gesehen ist die Kugel an den Seiten etwas abgeflacht, und der Kiefer bildet einen Halbkreis (Abb. 26). Vergessen Sie nicht, daß die Brauen in der Mitte bzw. auf der Hälfte der Kugel liegen (punktierte Linie B).

Die lineare Grundstruktur

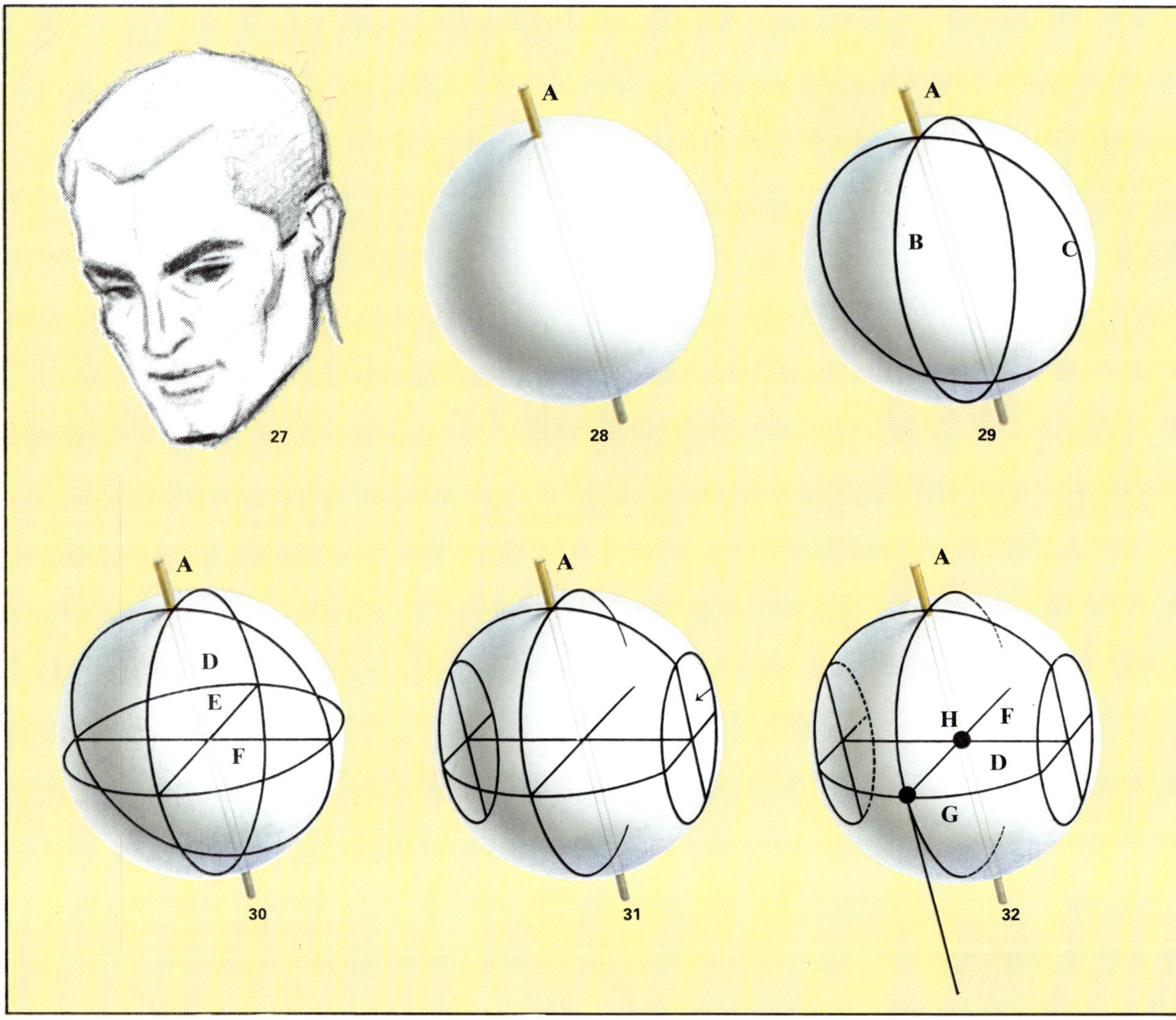

Abb. 27 bis 32: Wie auf den folgenden Seiten zu sehen, bestehen die Hauptlinien aus der Achse A, dem vertikalen Kreis B und dem horizontalen Kreis C. Auf der Grundlage dieser beiden zur Achse A perspektivischen Kreise ist der Aufbau des Kopfes in der Haltung von Abbildung 27 bereits teilweise gelöst.

Untersuchen wir jetzt auf der Grundlage des zuvor Gesagten, wie man einen Kopf in beliebiger Haltung aufbaut.

Stellen wir uns den Schädel wie eine Kugel vor, durch die die Mittelachse A läuft (Abb. 28).

Ziehen Sie nun senkrecht zu dieser Achse die Kreise B und C (Abb. 29) sowie einen weiteren Kreis (D) waagerecht dazu (Abb. 30). Zeichnen Sie in den waagerechten Kreis die beiden Geraden E und F. Sie schneiden sich und bilden einen perspektivisch rechten Winkel mit der Achse A. Wir stellen uns die Kugel hier als durchsichtigen Körper vor, um die einzelnen Stadien besser verfolgen zu können. Achten Sie darauf, daß die Unterteilungen perspektivisch exakt vorgenommen werden.

Flachen Sie die Kugel anschließend an beiden Seiten etwas ab, und zeichnen Sie auf diesen abgeflachten Seiten zwei Ge-

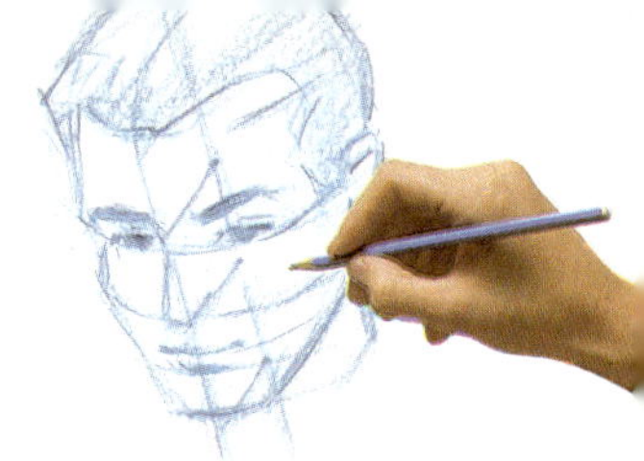

Die Perspektive des Kreises und der Kugel

Abb. 33: Hier das Verfahren für die Freihandzeichnung eines perspektivischen Kreises innerhalb elnes Quadrats sowie die Anlage einer Kugel aus mehreren perspektivischen Kreisen gleichen Abstands innerhalb eines Würfels.
Zeichnen Sie zunächst einen Kreis in ein perspektivisches Quadrat (A und B). Anschließend ermitteln Sie die korrekte Perspektive eines Würfels (C)

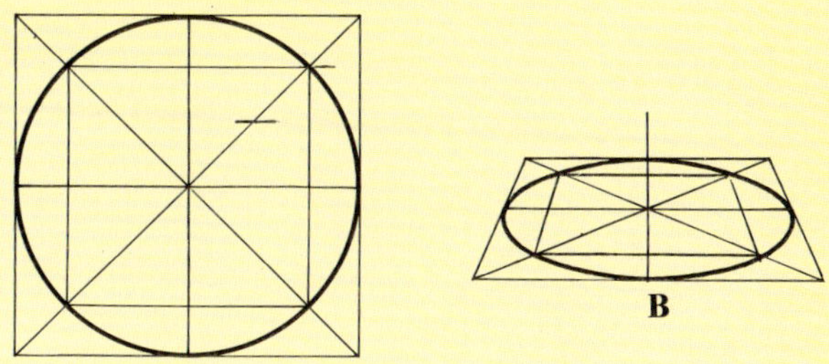

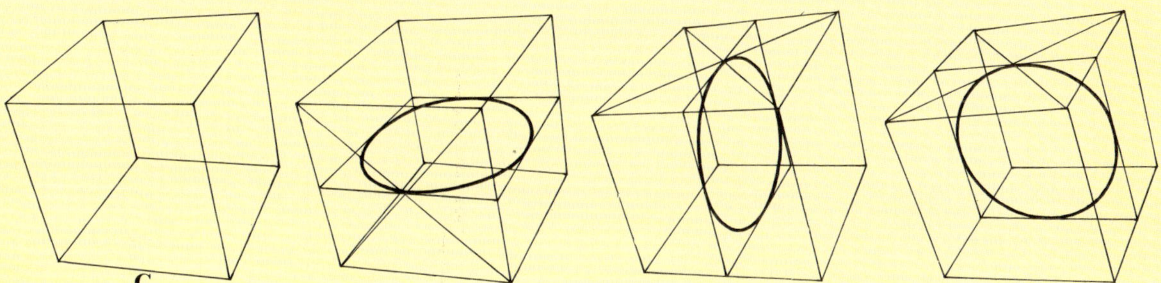

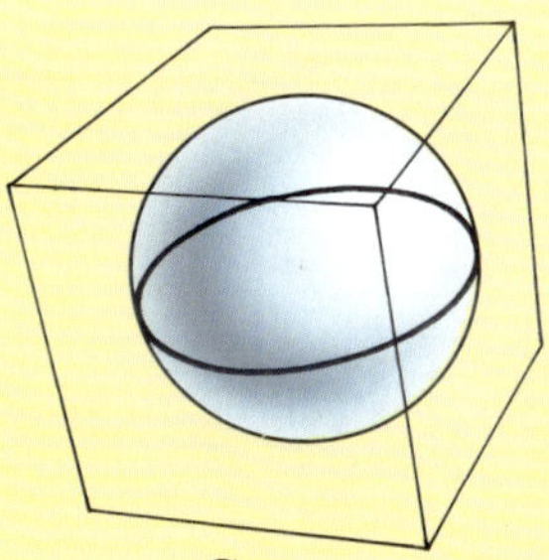

und zeichnen ein Kreuz in die naheste Seite. Durch dessen Schnittpunkt legen Sie ein waagerechtes Quadrat in halber Höhe des Würfels und ziehen einen perspektivischen Kreis hinein (D). Dasselbe Verfahren wenden Sie für den seitlich senkrechten (E) und den senkrecht nach vorn gerichteten Kreis (F) an. So erhalten Sie drei perspektivische Kreise mit gleichem Abstand, die Sie mühelos zu einer Kugel vervollständigen können. Deren Perspektive entspricht der des zuvor gezeichneten Würfels (G, H).

33

raden als Verlängerung der Kreislinien (angedeutet mit einem Pfeil). Ziehen Sie ausgehend von Punkt G nun die Symmetrieachse des Gesichtes, und verlängern Sie diese parallel zur Achse A nach unten (Abb. 31).
Diese Symmetrieachse des Gesichtes unterteilen wir nun in dreieinhalb Abschnitte (oder Module).
Beachten Sie, daß der Punkt G, bei dem die Symmetrieachse ihren Ausgang nimmt, gleichzeitig der Schnittpunkt des Kreises D ist. Dieser Kreis befindet sich – perspektivisch gesehen – in der Mitte der Kugel. Erinnern Sie sich: Wie aus den vorigen Abbildungen 25 und 26 (S. 21) hervorgeht, bestimmt die Linie genau die Lage der Brauen (Abb. 32). Dank der perspektivischen Neigung der Geraden F können wir unschwer den Punkt G in das geometrische Zentrum der Kugel H verlegen.

Abb. 33: Um das hier beschriebene Verfahren (Abb. 28 bis 32) anwenden zu können, muß man die Perspektive beherrschen, insbesondere die des Kreises.

Die Anwendung des Kanons auf die Grundstruktur

34

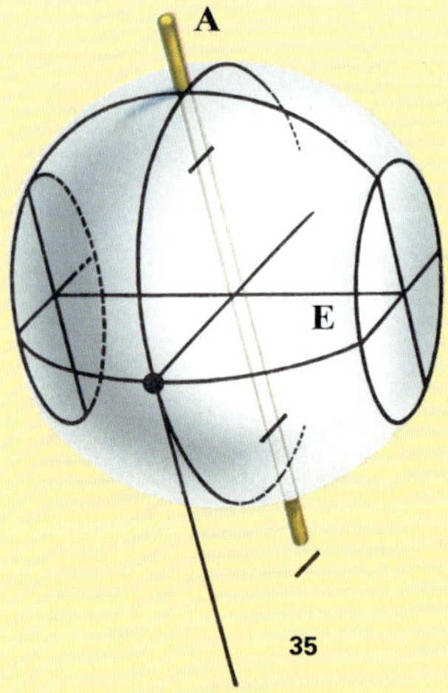

35

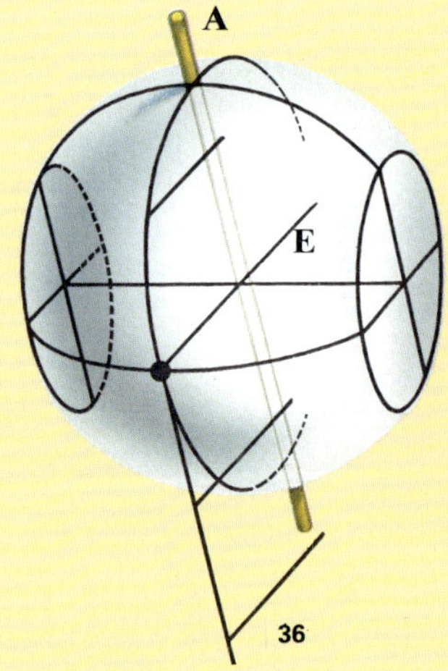

36

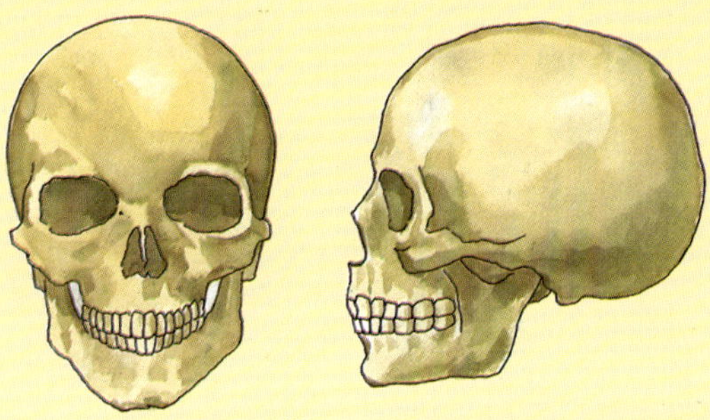

37

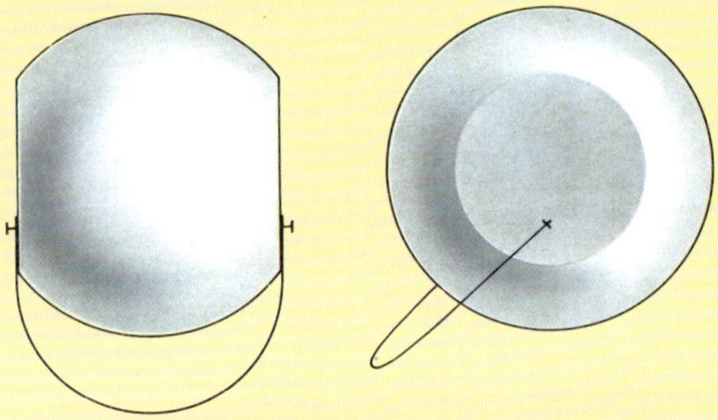

38

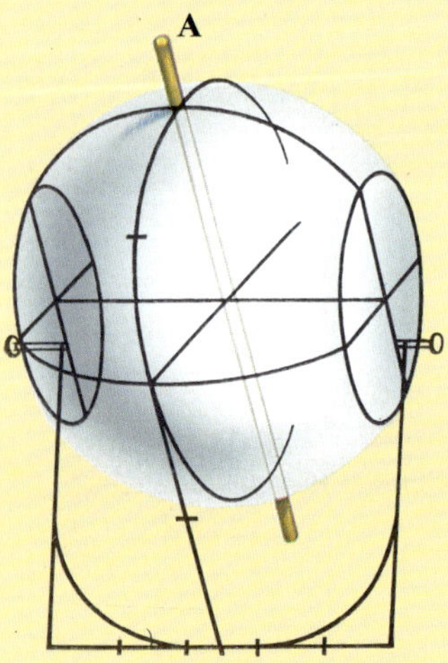

39

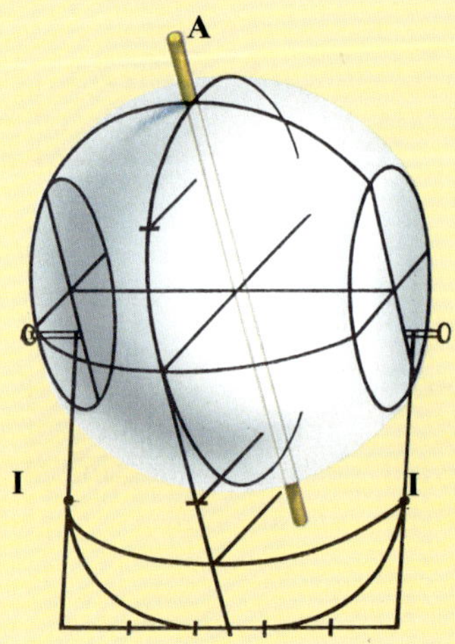

40

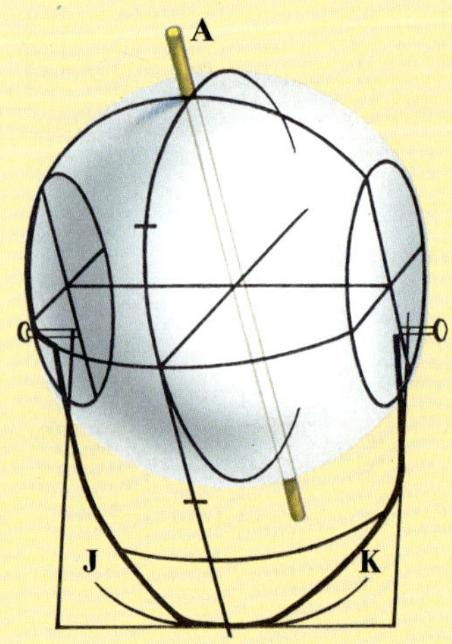

41

Abb. 34 bis 41: Überträgt man die Unterteilungen des Kanons des menschlichen Kopfes von der Achse A perspektivisch auf die Symmetrieachse des Gesichtes, erleichtert man sich ebenso wie mit dem Schema des Kiefers (Abb. 41) die Ausführung des endgültigen Kopfes von Abbildung 34.

Berechnen Sie nun auf dieser Achse A die dreieinhalb Maßeinheiten, als handle es sich um die Symmetrieachse des Gesichtes. Teilen Sie zu diesem Zweck zunächst die obere Hälfte in eineinhalb Abschnitte bzw. Maßeinheiten, und übertragen Sie danach die Gesamtlänge einer Maßeinheit zweimal nach unten (Abb. 35).

Ist dies erledigt, übertragen Sie die entsprechenden Punkte unter exakter Beibehaltung der Perspektive, die durch die Gerade E angegeben wird, auf die Symmetrieachse des Gesichtes (Abb. 35 und 36).

Befassen wir uns nun mit dem Kiefer. Wünscht man eine vereinfachte Form dieses Knochens, zeichnet man den Unterkiefer am besten als Hufeisen (Abb. 38). Um ihn etwas zu konkretisieren, teilt man die Breite des Hufeisens in fünf gleiche Abschnitte. Der mittlere gibt die Kinnbreite an, die einem Fünftel der Gesichtsbreite entspricht (Abb. 39).

Wir erkennen sofort, daß sich der vorspringendste Punkt, der engste Winkel des Unterkiefers (I) etwa in Höhe des Mundes befindet ... Dessen Anhaltslinie brauchen wir also nur auf die Mittelachse A auszurichten und sie perspektivisch korrekt zu zeichnen, dann erhalten wir die beiden am weitesten herausragenden Punkte des Unterkiefers (Abb. 40).

Der Rest ist ganz einfach. Ziehen Sie die beiden Schrägen J und K, die die untere Begrenzung des Kinns angeben, und zeichnen Sie zwei kleine Geraden von den Öffnungen für die Ohren, parallel zur Achse A (Abb. 41).

Vielleicht fragen Sie sich jetzt: „Muß der Kunstmaler wirklich all dies tun, um einen Kopf zu zeichnen?“ Darauf könnte man sowohl mit Ja als auch mit Nein antworten. Zeichnet oder malt der Künstler mit einem Modell vor Augen, kann er eventuell auf diese Methode verzichten. Ohne ein Modell ist es wahrscheinlich erforderlich. Ergibt sich aus der Kopfhaltung eine ausgeprägte perspektivische Verkürzung, kommt er um dieses Verfahren fast nie herum. Ich sagte bewußt „fast nie“, denn das hängt immer vom Können und der Erfahrung des Künstlers ab.

Struktur von Augen, Brauen, Nase und Mund

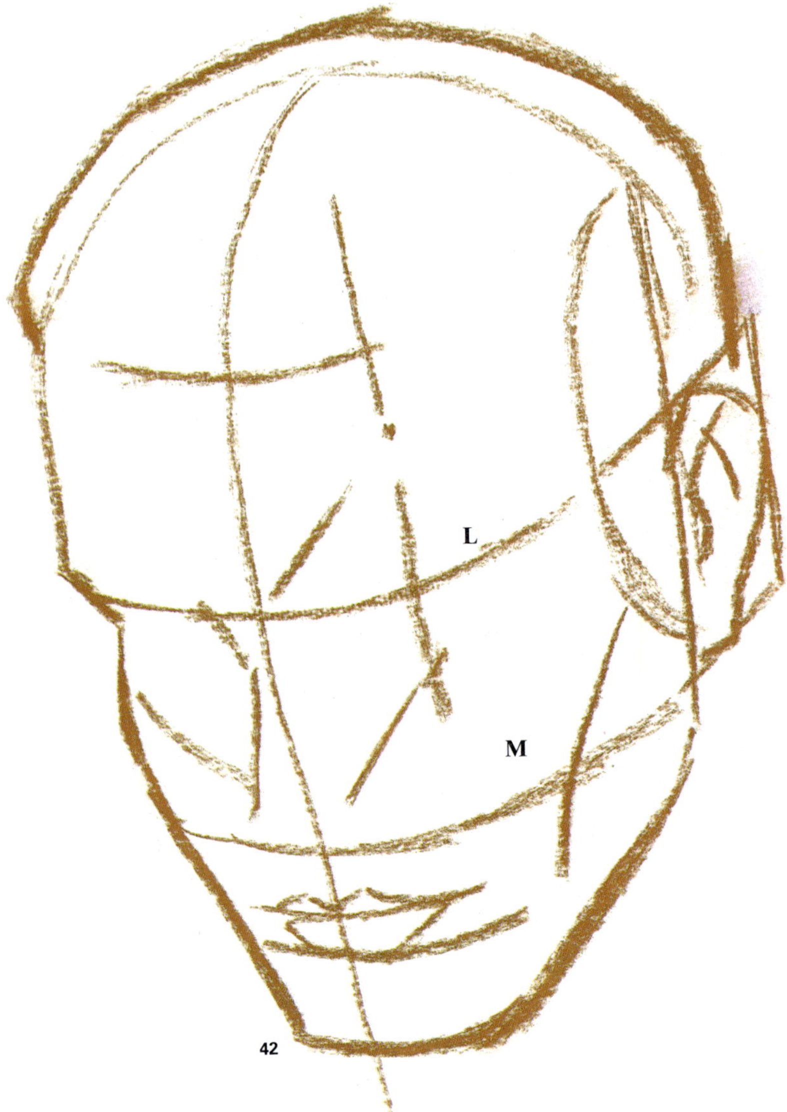

42

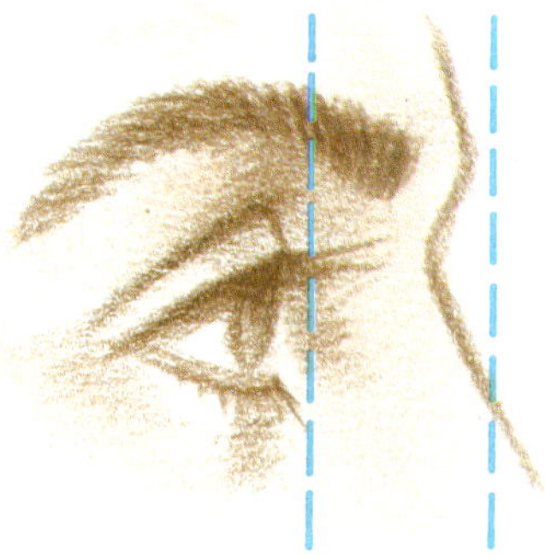

43

Im einzelnen:
Wir wissen, daß sich die Augen genau in der Mitte des Kopfes befinden (auf halber Höhe), müssen sie, falls der Kopf nach oben oder unten schaut, jedoch im richtigen Verhältnis zu den Ohren und der Nase anlegen. Beachten Sie zunächst die Augenhöhle: Sie liegt tiefer als Stirn und Brauen (Abb. 43).
Bei gesenktem Kopf verschwindet sie beinahe unter den Brauen. Das heißt, der Abstand zwischen den Brauen und den Augenlidern (Abb. 44, folgende Seite) schrumpft. Hebt man den Kopf dagegen, sieht man die Augenhöhle aus perspektivischen Gründen beinahe von vorn, und die Augen liegen eindeutig niedriger als die Brauen (Abb. 45, folgende Seite).
(Beachten Sie ferner auf diesen Abbildungen 44 und 45 die entsprechenden Veränderungen bei der Nase, des Mundes, der Wangen etc.)
Stellen Sie sich die Nase schematisiert als eine Art plastisches Dreieck im Profil, aus der Dreiviertelansicht, von vorn, von oben, von unten etc. vor, wie die Abbildungen zeigen. Ansonsten ist nur zu beachten, daß die Unterkante der Nase (A) in etwa der Perspektive folgen muß, die von der Geraden B angegeben wird (Abb. 46 und 47).
Bleibt noch die Anlage des Mundes, des Haaransatzes, der Schläfen, der Koteletten etc. Diese geht aus den Skizzen und Zeichnungen der Seiten 28 und 29 hervor.

Zum weiteren allgemeinen Aufbau des Gesichtes zeichnen Sie nun den perspektivischen Kreis M, der der Krümmung des Kiefers folgt und parallel zum Kreis L verläuft. Sie erinnern sich gewiß, daß diese beiden Kreise die Lage der Augenbrauen und der Nasenlänge angeben. Außerdem liefern sie uns die Höhe und die Lage der Ohren (Abb. 42)
Befassen wir uns jetzt mit den Augen, bei denen die Schwierigkeiten größer sind.

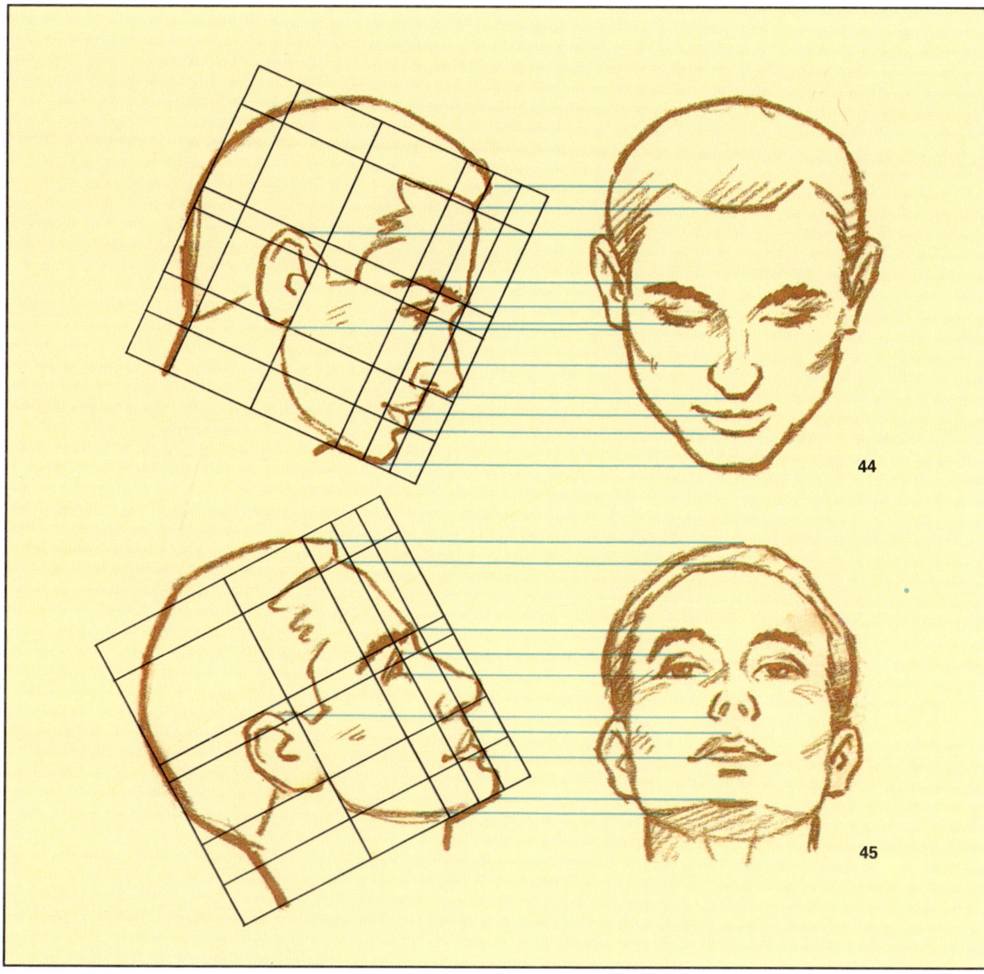

44

45

Abb. 42 bis 45: Je nach Haltung des Kopfes verändern sich die Perspektive sowie die Form der Augen und des Mundes. Die korrekte Anlage der Kreise entsprechend den Maßeinheiten des menschlichen Kopfes (Abb. 42) ist der Schlüssel zur Lösung der Probleme von Abbildung 43, 44 und 45.

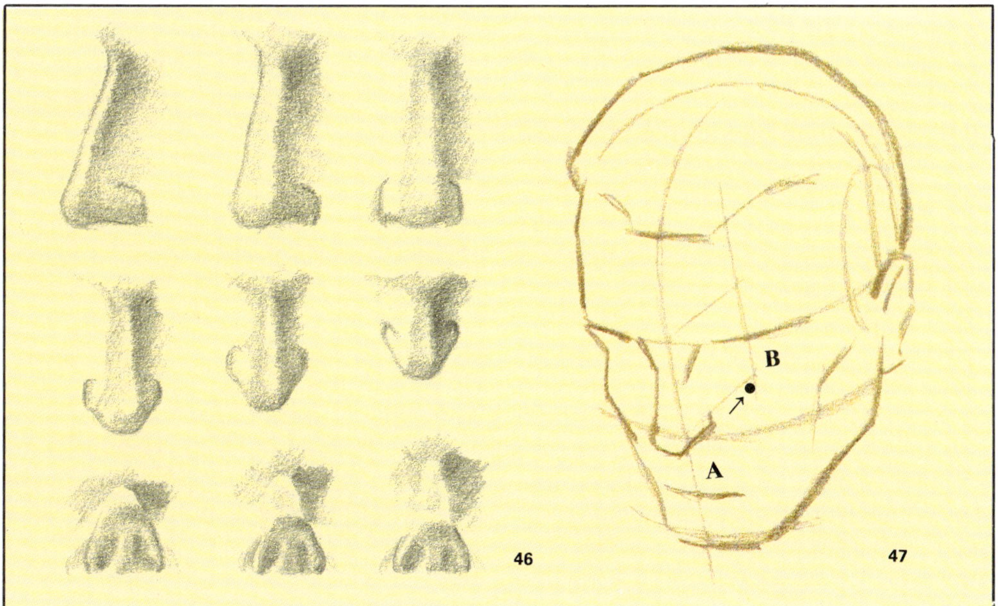

46

47

Abb. 46 und 47: Hier verschiedene Schemata für die Nase im Profil, aus der Dreiviertelansicht, von vorn, von oben und von unten. Um eine Nase an den Kopf von Abbildung 47 zu fügen, sei daran erinnert, daß die Unterkante der Nase (A) praktisch der perspektivischen Neigung von Linie B folgen muß.

Praktische Übungen

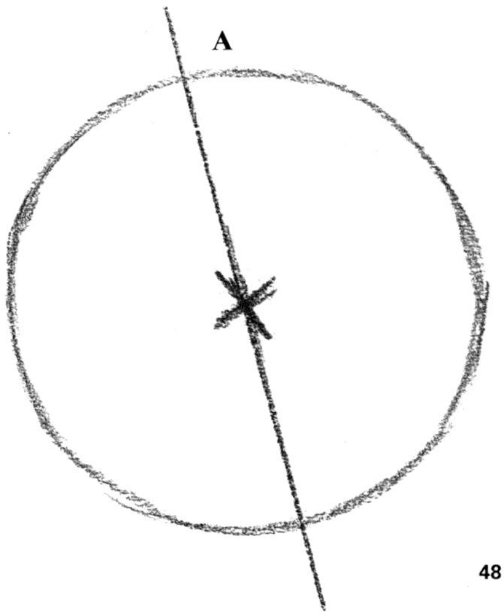

48

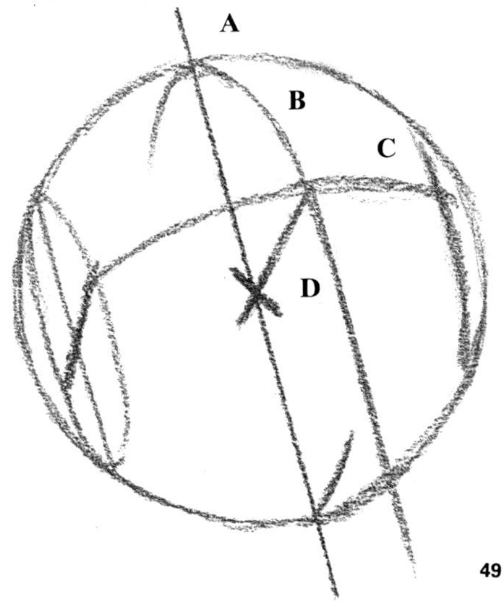

49

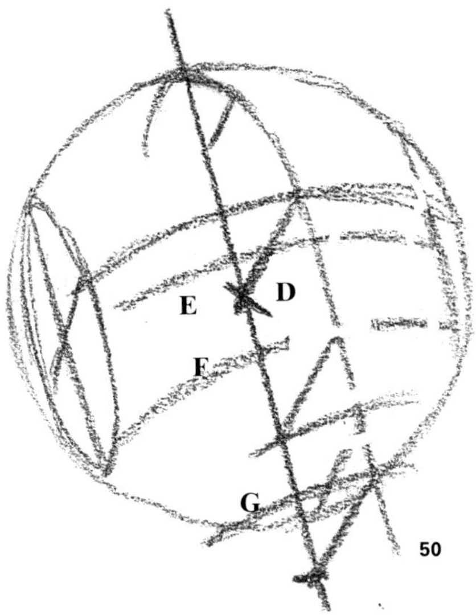

50

51

Abb. 48 bis 51: Hier eine praktische Übung als Zusammenfassung des auf den vorigen Seiten beschriebenen Verfahrens. Sie können sie unmittelbar ausführen, indem Sie den Anweisungen im Text folgen und dabei die Abbildungen betrachten.

Zeichnen Sie zum Abschluß dieses Kapitels einen Kopf nach folgenden Angaben:

Abb. 48: Ziehen Sie einen Kreis aus freier Hand, und legen Sie die Neigung der Mittelachse A fest.

Abb. 49: Bestimmen Sie den Abstand zwischen den Brauen, um die Lage der perspektivischen Kreise B und C zu ermitteln. Teilen Sie die Kugel in zwei Hälften; bestimmen Sie die Lage des Punktes D im Zentrum; verlängern Sie die Symmetrieachse des Gesichts.

Abb. 50: Unterteilen Sie die Achse A in dreieinhalb Abschnitte, und übertragen Sie diese, ausgehend von Punkt D, auf die Mittelachse des Gesichts (E). Die Berechnung erfolgt nach Augenmaß. Zeichnen Sie anschließend die Linien für die Lage der Nase und der Ohren (F) sowie der Kinnspitze (G).

Abb. 51: Entfernen Sie alle für den weiteren Aufbau unnötigen Hilfslinien. Stellen Sie sich die Linien des Kanons eines von vorn gesehenen Kopfes vor. Zeichnen Sie schließlich die einzelnen Gesichtsteile, und halten Sie sich dabei an die auf den vorigen Seiten gegebenen Anweisungen.

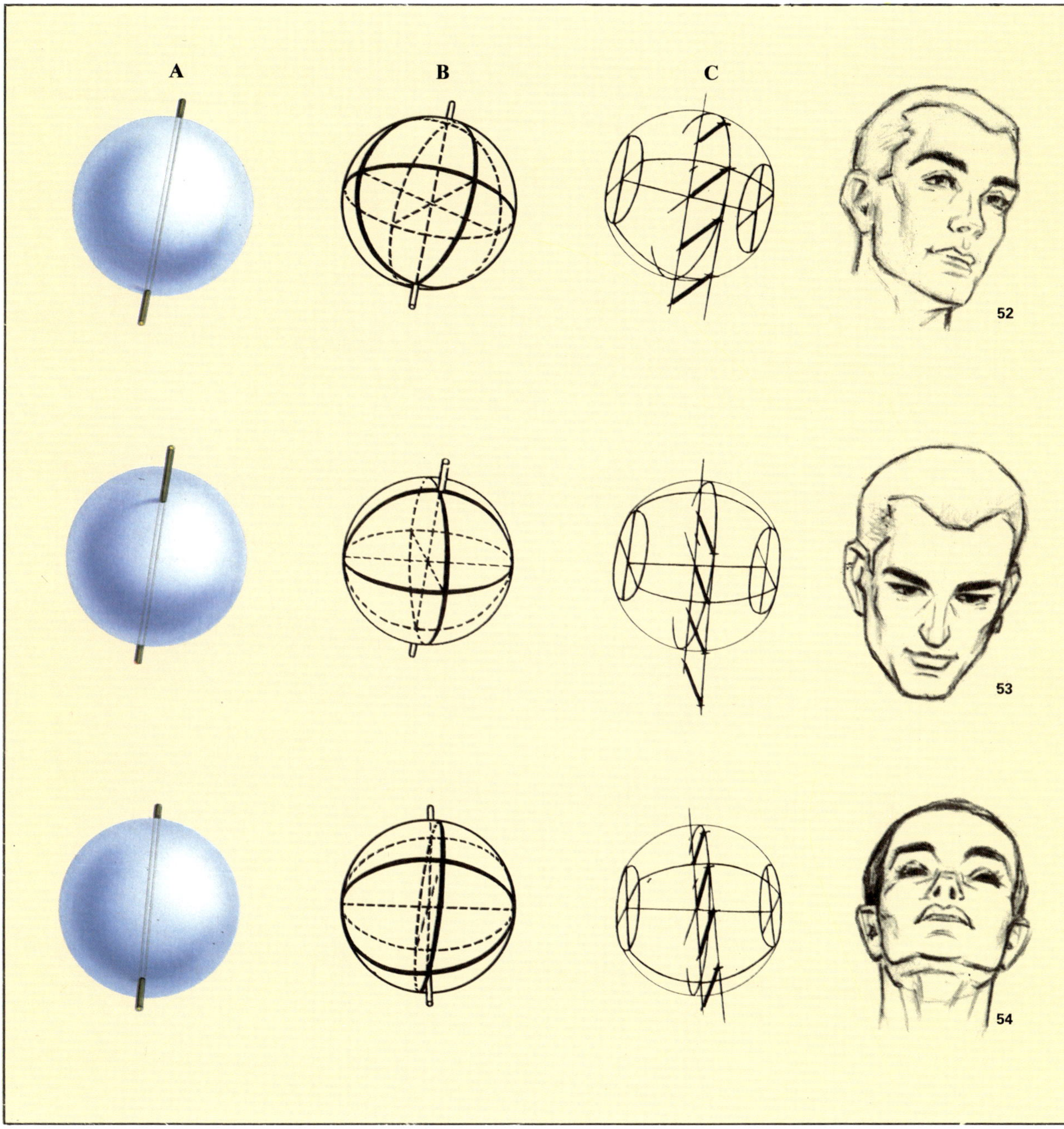

Abb. 52 bis 54: Hier eine weitere Übung: Betrachten Sie aufmerksam die Schemata A, B, und C der drei Köpfe, und versuchen Sie, einen weiteren Kopf mit einer anderen Haltung zu zeichnen.

Unterschiedliche Kopfhaltungen

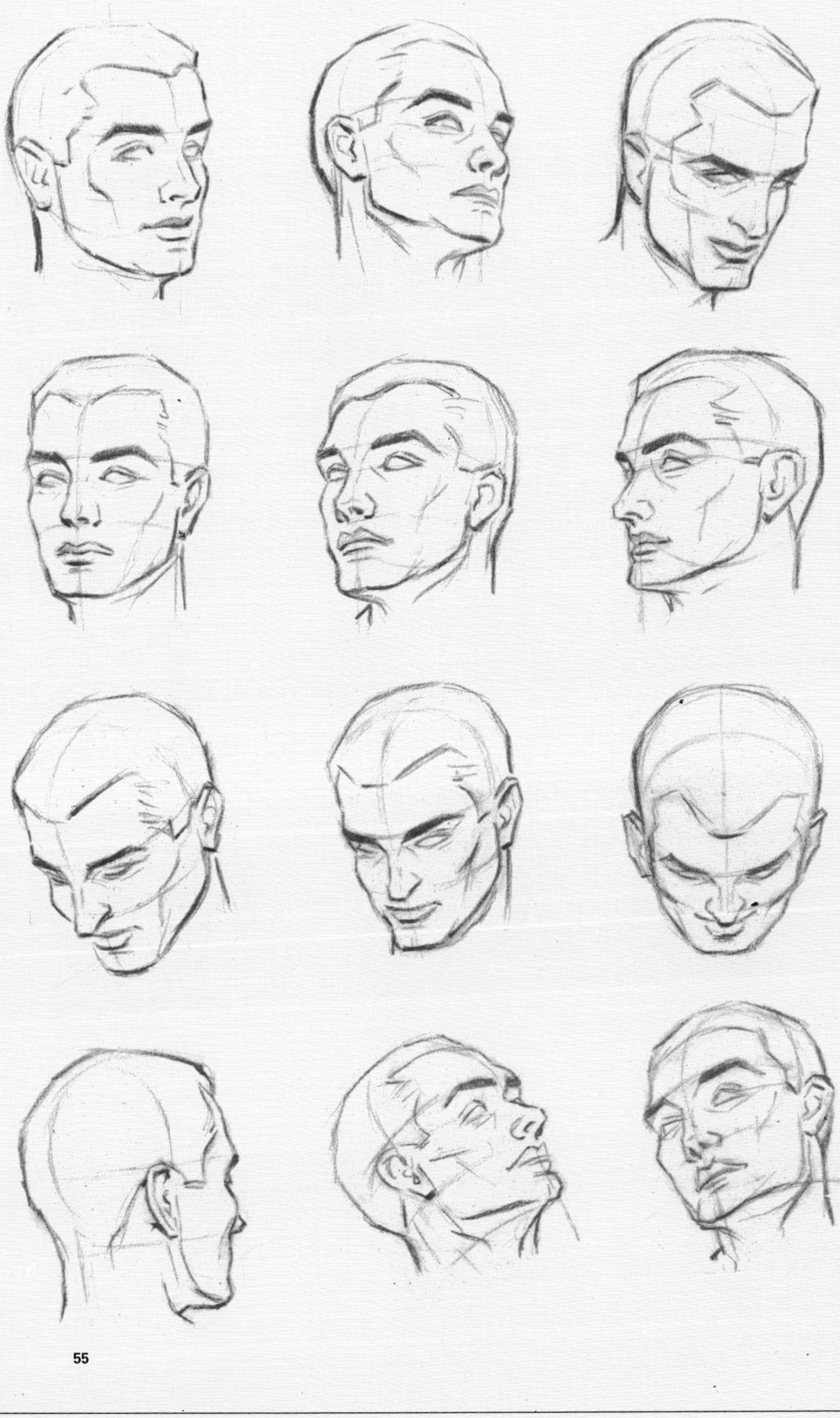

Abb. 55: Die Struktur einiger Köpfe in unterschiedlicher Haltung. Sie wurden nach dem zuvor beschriebenen Verfahren gezeichnet.

55

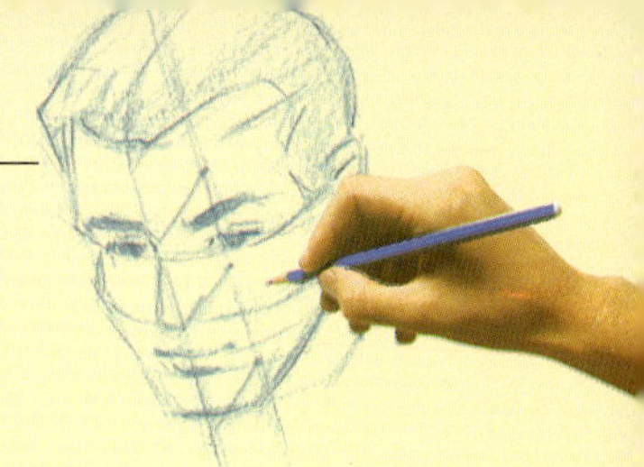

Praktische Übung nach der Natur

56

57

58

Abb. 56 bis 58: Abschlußübung. Sie haben den Aufbau des menschlichen Kopfes gelernt und geübt. Jetzt werden Sie nach der Natur mit einem lebenden Modell vor Augen mehrere Männer-, Frauen- und Kinderköpfe zeichnen. Beginnen Sie stets mit der Struktur des Kanons und der Symmetrieachse des Gesichtes, wie ich es bei diesen Zeichnungen getan habe. Ich hoffe – genauer gesagt, ich nehme es an –, daß dies Ihre Abschlußübung wird und Sie nun mühelos zum Beispiel den Kopf Ihres Freundes darstellen können. Kümmern Sie sich noch nicht um die Ähnlichkeit. Es geht nicht um ein Porträt, sondern nur um einen Kopf.

Beim Neugeborenen sind der Schädel und die Augen im Verhältnis zur Nase, dem Mund und dem Kinn besonders groß. Nach dem Durchbruch der Zähne nimmt der Kiefer einen größeren Umfang an, das Gesicht dehnt sich aus, und die Stirn springt stärker hervor. Gleichzeitig erschlafft die Haut, und die Gesichtszüge werden ausgeprägter. Nach dem Verlust der Zähne tritt das Kinn wieder zurück. All diese Veränderungen des Gesichtes sind ein äußeres Kennzeichen des jeweiligen Alters. Aber auch aufgrund des Geschlechts treten gewisse Unterschiede innerhalb der Maße und Proportionen auf, allerdings sind sie gering. Im folgenden Kapitel untersuchen wir jene Züge, anhand derer man das unterschiedliche Alter der Männer, Frauen und Kinder erkennt.

59

Das Alter und das Geschlecht bei der Zeichnung des menschlichen Kopfes

Im Alter von zwei Jahren

Abb. 59 (vorige Seite): Raffaello Santi oder Sanzio, genannt Raffael (1483–1520): Studie für die Verklärung (Ausschnitt), Schwarzkreide mit weißen Spitzlichtern, Ashmolean Museum, Oxford.

Abb. 60 bis 64: Der Kanon des zweijährigen Kindes weist einige Besonderheiten auf: hohe, freie Stirn, große Ohren und Augen, die weiter auseinanderstehen als beim Erwachsenen. Stupsnase, dicke Wangen und kaum entwikkeltes Kinn... Der Kanon und die drei Köpfe auf dieser Doppelseite zeigen deutlich die Merkmale dieses Alters.

Im Alter von zwei Jahren sind die körperlichen Unterschiede zwischen dem Kopf eines Kindes und dem eines Erwachsenen am deutlichsten.

1. *Der Kinderkopf ist groß*

Er ist im Verhältnis zu dem eines erwachsenen Menschen erheblich größer. Stellt man einen Mann von fünfundzwanzig Jahren neben ein zweijähriges Kind, erkennt man, daß dessen Kopf nur etwa doppelt so groß ist wie der des Kindes; der Kinderkopf ist also proportional gesehen – verglichen mit seiner Körpergröße – beinahe doppelt so groß wie der des Mannes.

2. *Das Kind hat einen umfangreichen Schädel*

Er ist sogar unproportioniert, vergleicht man ihn mit den Maßen des Gesichtes.

3. *Die Augen des Kindes sind sehr groß*

Sie sind nicht so stark geschlitzt, nicht so länglich wie unsere. Sind sie geöffnet, erinnern sie an einen Kreis. Selbst die Augenwinkel sind ein wenig abgerundet.

Beim Kind ergeben sich die „großen Augen" aus der Größe der Iris und der Pupille

also aus dem Augapfel. Das ist normal, denn das Sehorgan ist beim Kind bereits voll entwickelt.

Die Augen des Kindes scheinen weiter auseinanderzuliegen als die Augen eines Erwachsenen

Sie erinnern sich, daß der Abstand der beiden Augen beim Erwachsenen der Breite eines dritten Auges entspricht?

4. *Die Nase ist noch klein und steht etwas in die Höhe*

Die Lungen sind noch klein, die Atemwege kurz, und die Nasenlöcher sind ebenfalls klein. Aber weshalb die Stupsnase? Weil die Nasenknochen noch nicht so ausgebildet sind wie beim Erwachsenen.

5. *Die Kieferknochen sind noch nicht ausgebildet*

Vor allem der Unterkiefer, der die Größe des Bartes und des Kinns bestimmt, ist nicht viel mehr als ein „Knöchelchen" im Vergleich zu einem starken Männerkinn.

60

A →

61

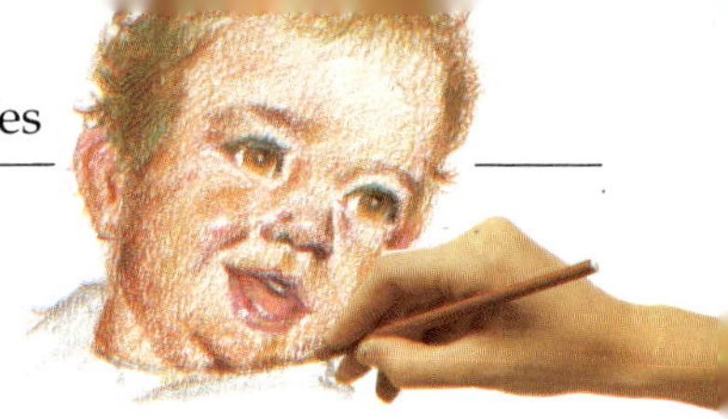

Das Kind besitzt außerdem sehr kleine Zähne. Aus diesem Grund wirken seine Wangen dicker, und der Umriß seines Kiefers ist völlig rund.

Ferner sei daran erinnert:

Beim Kind liegen die Augen unterhalb der Kopfmitte

Zeichnet man eine an den Seiten leicht abgeflachte Kugel, plaziert die Augen unterhalb der Mitte der Kopfhöhe, hält sie ziemlich groß und weit auseinanderstehend und legt das Gesicht rund an, ergibt sich automatisch ein Kinderkopf. Diesen Kopf zeichnen wir mit einem besonderen, von dem des Erwachsenen abweichenden Kanon. Die Proportionen des von vorn gesehenen Kopfes entsprechen einem Rechteck von drei Maßeinheiten Breite und vier Maßeinheiten Höhe. Dabei wird die Maßeinheit in diesem Fall von dem Abstand zwischen der Unterkante der Nase und der Kinnspitze bestimmt. Die Augen befinden sich auf der Hilfslinie A, die durch die Mitte der entsprechenden Maßeinheit verläuft.

63

62

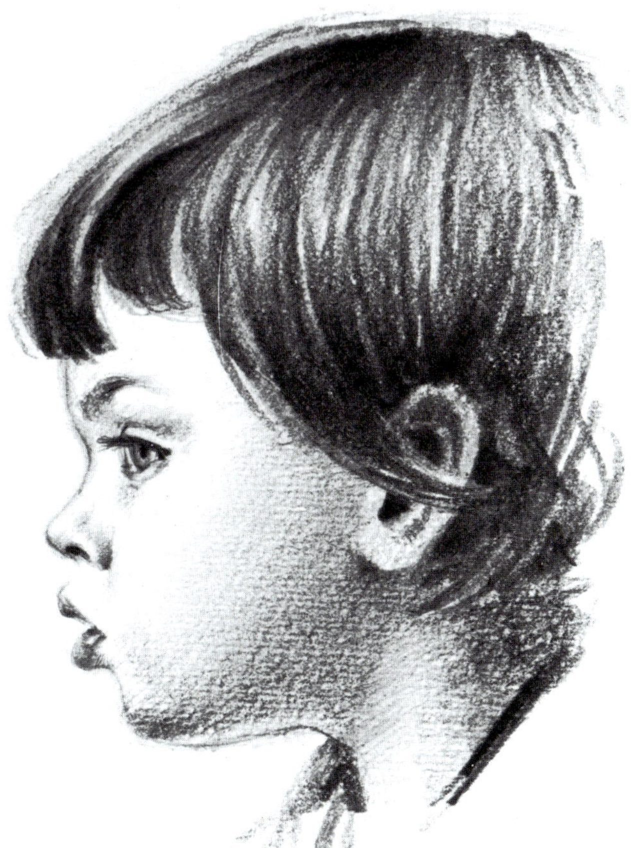

64

Tonwertbestimmung und Kontraste beim Kinderkopf

65

Abb. 65: Francesc Serra, Skizze, Privatsammlung. Rasche Bleistiftskizze nach der Natur eines schlafenden Mädchens. Sie erkennen die schwierigen Verkürzungen des Kopfes aus diesem Blickwinkel. Die weichen Kontraste und leichten Schatten entstanden mit Hilfe eines Wischers. Dies paßt sehr gut zur Darstellung eines kleinen Kindes.

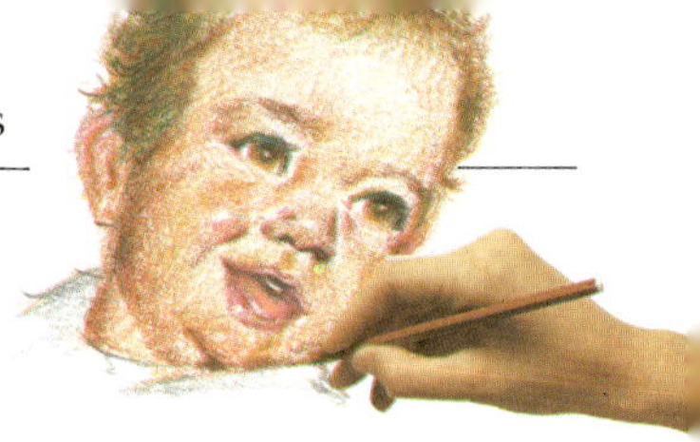

66

Abb. 66: Peter Paul Rubens, Kindergesicht, Rötel mit weißer Kreide, Albertina, Wien. Rubens arbeitete das Licht und den Schatten dieses Kopfes behutsam und zart heraus, wie es das Kinderporträt erfordert.

Die Entwicklung des menschlichen Kopfes

Mit zwei Jahren:
Sehen Sie sich die charakteristischen Merkmale des Kopfes eines zweijährigen Kindes genau an, und vergleichen Sie sie mit denen eines Erwachsenen.

a) Die Stirn ist hoch und breit; das Haar auf dem Kopf und an den Seiten ist dünner.

b) Die Augenbrauen und nicht die Augen selbst liegen genau in der Mitte des Kopfes.

c) Der Abstand zwischen den beiden Augen ist größer als die Breite eines weiteren Auges.

d) Die Ohren sind proportional größer und liegen tiefer.

e) Die Nasenlöcher sind stärker sichtbar.

f) Das Kinn ist rund und in der Mitte deutlich gebogen.

Mit sechs Jahren:
Wir können bei diesem Alter den vorigen Kanon verwenden, auch wenn sich die Abstände, die Proportionen, also die Plazierungen nicht mehr ganz so präzise bestimmen lassen. Hier muß man ein wenig das Augenmaß zu Hilfe nehmen und folgende Veränderungen, die auf das Wachstum des Kopfes zurückzuführen sind, herausfinden und berücksichtigen:

a) Das Haar ist dichter geworden und bedeckt teilweise Stirn und Schläfen.

b) Der Kieferknochen ist bereits stärker ausgebildet. Folglich ist das Gesicht länger als das eines zweijährigen Kindes.

c) Die Augen und die dichter gewordenen Augenbrauen sind weiter nach oben gewandert.

d) Die Nase, der Mund und die Ohren liegen ebenfalls höher.

e) Der Kiefer hat immer noch die gerundete Form.

Abb. 67 bis 70: Unterschiedliches Alter, unterschiedliche Köpfe, aber nur zwei Kanons: ein Kanon mit vier Maßeinheiten für Kinder zwischen zwei und sechs Jahren und ein Kanon mit dreieinhalb Maßeinheiten für Jugendliche ab zwölf Jahren und Erwachsene. Aus dem Text und den Abbildungen unten auf dieser Seite gehen die morphologischen Unterschiede hervor, die man berücksichtigen muß, wenn man ein kleines Mädchen, eine Frau, ein Kind oder einen Mann zeichnet.

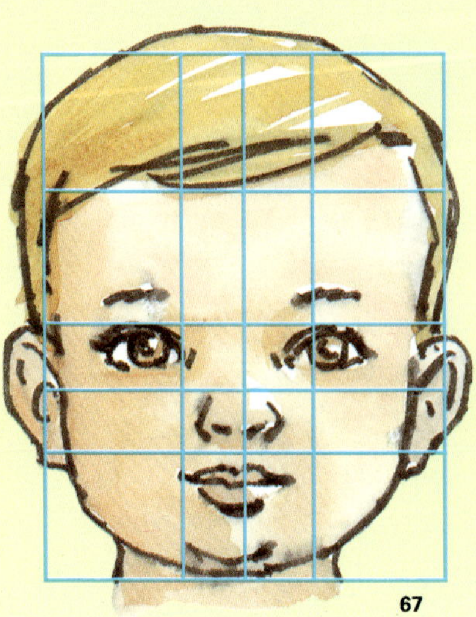
67

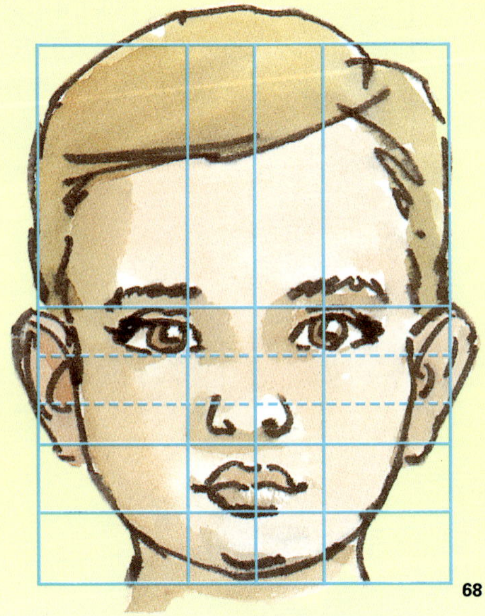
68

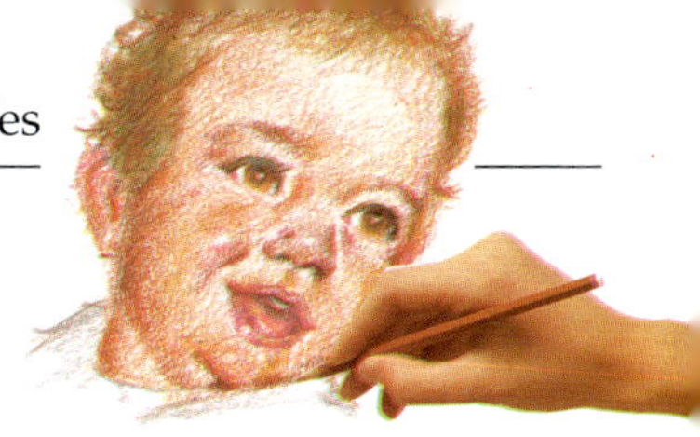

Mit zwölf Jahren:
Die Kopfform nähert sich jetzt immer stärker der des Erwachsenen. Man kann daher dessen Kanon anwenden, denn die Maße und Proportionen werden immer ähnlicher.

a) *Das Haar ist ebenso dicht wie mit sechs Jahren. Die für den Erwachsenen charakteristischen Schläfen sind aber noch nicht vorhanden.*
b) *Die Augen und die Augenbrauen liegen noch nicht ganz in der Mitte des Kopfes.*
c) *Die Ohren liegen noch tiefer, sind aber voll ausgebildet. Sie wachsen nicht mehr.*
d) *Der markante Unterkieferknochen beginnt sich abzuzeichnen. Das Kinn ist nicht mehr so rund und gebogen.*

Mit fünfundzwanzig Jahren:
Über den Kanon brauche ich nichts mehr zu sagen. Er ist Ihnen bekannt. Beachten Sie nur, wie sich die anatomischen Merkmale im Vergleich zur vorigen Abbildung verändert haben. Die Augen sind länglicher (beim zwölfjährigen Kind besteht noch der charakteristische weite Augenabstand), die Nase, die Wangen, der Kiefer etc. werden von der Form des jeweiligen Knochens bestimmt. Beim Kind sind sie längst nicht so kantig. Das kann man nicht verwechseln.

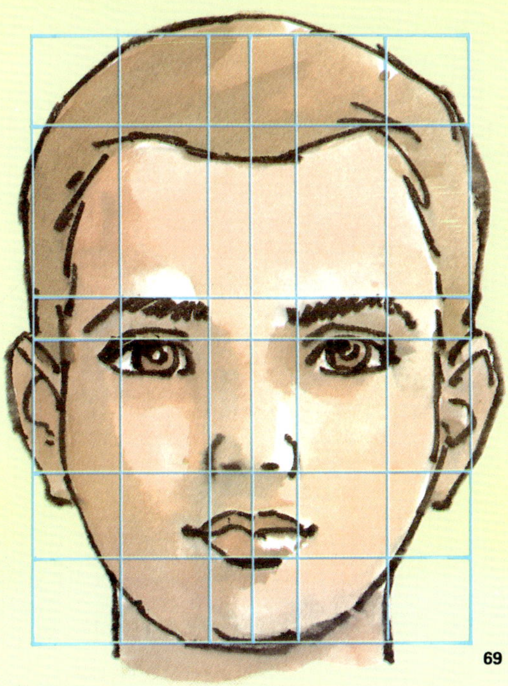

69

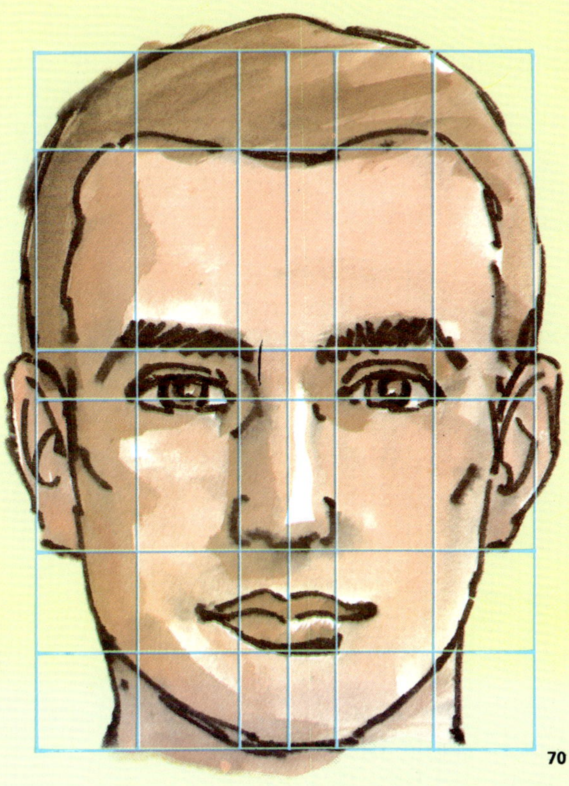

70

Das Alter

71

72

Abb. 71 und 72: Beachten Sie auf diesen Abbildungen die Besonderheiten des Kopfes und des Gesichtes eines sehr alten Menschen. Sie werden feststellen, daß seine Züge ausgeprägter sind. Der Kopf eines Alten bietet mehr künstlerische Möglichkeiten als jeder andere und läßt sich leichter einrahmen, aufbauen und zeichnen. Er ist markanter, besitzt ein größeres Relief und mehr Anhaltspunkte zur Berechnung der Maße und Proportionen. Deshalb ist die Ähnlichkeit leichter zu erreichen.

Und mit achtzig Jahren:

Im allgemeinen bildet sich die Fettschicht in diesem fortgeschrittenen Alter zurück, und die Haut wird feuchtigkeitsärmer. Folglich wird die Gesichtsform ausschließlich vom Schädel bestimmt. Insgesamt gesehen ergibt sich dadurch folgendes Bild:

a) *Neigung zur Kahlköpfigkeit; breite Stirn von knochiger Beschaffenheit;*
b) *hervorspringende Schläfen, auf denen die Schlagadern sichtbar werden;*
c) *eingefallene Augäpfel, allgemein tieferliegende Augen, während der Rand der knochigen Augenhöhlen weiter hervorragt;*
d) *Tränensäcke und Falten um die Augen;*
e) *ausgeprägtes Hervortreten der Wangenknochen; faltige oder „hängende" Wangen;*
f) *stärkeres Hervortreten des Nasenbeins;*
g) *Verschmälerung der Lippen;*
h) *Falten und schlaffe Haut unterhalb des Kinns und am Hals.*

Hinzu kommt ein weiterer wichtiger Faktor, der den Abstand zwischen der Nase und dem Kinn spürbar verändern kann. Das Kinn tritt mit zunehmendem Alter stärker hervor und hebt sich gleichzeitig ein wenig an. Daraus ergibt sich eine Art „Nußknackergesicht". Das liegt an den fehlenden Zähnen. Natürlich könnten Sie mich jetzt fragen: „Und wenn der Mensch ein Gebiß trägt?" Auch in diesem Fall besteht ein erheblicher Unterschied zur Gesichtsstruktur eines jungen Menschen. Denn sowohl mit als auch ohne Zähne neigt der Kiefer dazu, hervorzutreten und das Kinn anzuheben.

Abb. 73: Mariano Fortuny (1838–1874), Nackter Alter in der Sonne (Ausschnitt), Prado, Madrid.

Abb. 74: Vincent van Gogh (1853–1890), Porträt von Patieme Escalier, Bleistift, Feder, Bambus, braune Tinte. Fogg Art Museum, Grenville L. Winthrop Bequest, Cambridge, Mass.

Abb. 75: Joaquím Sorolla y Bastida (1863–1923), Alter, Zigarre rauchend, Aquarell, Sorolla-Museum, Madrid.

Abb. 76: Ignacio Zuloaga (1870–1945), Christus aus Fleisch und Blut, Öl auf Leinwand, Spanisches Museum für zeitgenössische Kunst, Madrid.

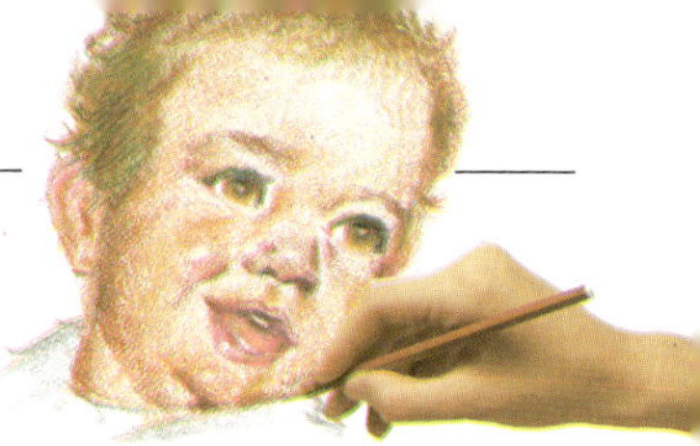

73

74

75

76

Der Kopf der Frau

Abb. 77 und 78: Francesc Serra, Studie und Gestalt, Kohlezeichnungen, Privatsammlung. Zwei gute Beispiele für einen Frauenkopf von vorn und von der Seite.

Gleichgültig, auf welches künstlerische Gebiet Sie sich später konzentrieren möchten: Mit ziemlicher Sicherheit werden Sie ebenso häufig Frauen- wie Männerköpfe zeichnen oder malen. Das scheint nicht zu der Tatsache zu passen, daß wir uns den Frauenkopf für den Schluß aufgespart haben und ihm nicht einmal zehn Prozent des Buches widmen. Dafür gibt es jedoch einen entscheidenden Grund:

Im wesentlichen stimmen die Maße und Proportionen des Kopfes und des Gesichtes der Frau mit denen des Mannes überein. Ohne die Frisur sind die Unterschiede gering.

Es gibt sie jedoch, und der Künstler muß ihnen Rechnung tragen. Sie beruhen auf der organischen Konstitution der Frau, die eine größere Fettschicht besitzt.

1. *Das Gesicht ist kleiner.*
2. *Die Augen sind etwas größer.*
3. *Die Augenbrauen liegen etwas höher und sind stärker gebogen.*
4. *Nase und Mund sind etwas kleiner.*
5. *Das Kinn ist runder.*

Fassen wir diese fünf Punkte zusammen, läßt sich der wesentliche Unterschied, den der Künstler immer im Auge behalten muß, wie folgt definieren:

Der Kopf und das Gesicht der Frau weisen weichere Linien und abgerundetere Formen auf.

Das Kantige ist ein Kennzeichen des Mannes, während die Wölbung, das Weiche und Runde grundlegend mit der Frau in Verbindung gebracht werden.
Das liegt an der weiblichen Anatomie.

Ein veränderlicher Faktor
Anatomisch betrachtet ist die Mundhöhle der Frau etwas kleiner als die des Mannes. Ihre Lippen sind dicker, insgesamt jedoch kleiner als beim Mann.
Betrachten Sie zum Abschluß auf den beiden folgenden Seiten einige Zeichnungen von Frauenköpfen. Sie erkennen, daß sich beim Aufbau eines weiblichen Gesichtes dieselben Schwierigkeiten ergeben wie bei der Darstellung des männlichen Kopfes.
Damit geht die Untersuchung des idealen menschlichen Kopfes, der zu keiner bestimmten Person gehört und daher ein typisches Modell für alle Köpfe darstellt, zu Ende.

79

Abb. 79 bis 81: Der Kanon des Frauenkopfes gleicht dem des Mannes. Die Maße und Proportionen sind identisch, das weibliche Gesicht ist jedoch weicher und besitzt rundere Formen.

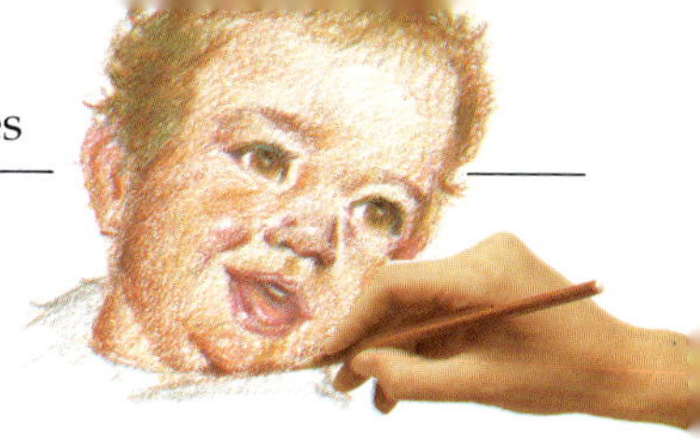

77

78

80

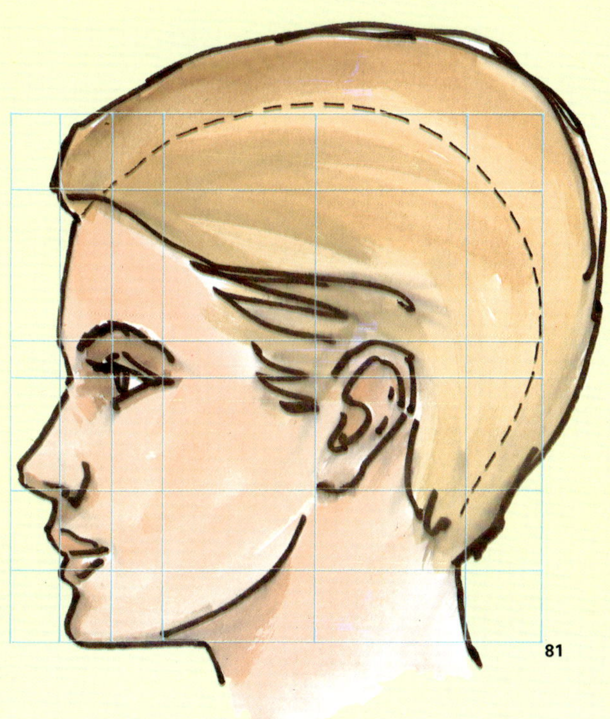

81

Beispiele für Frauenköpfe

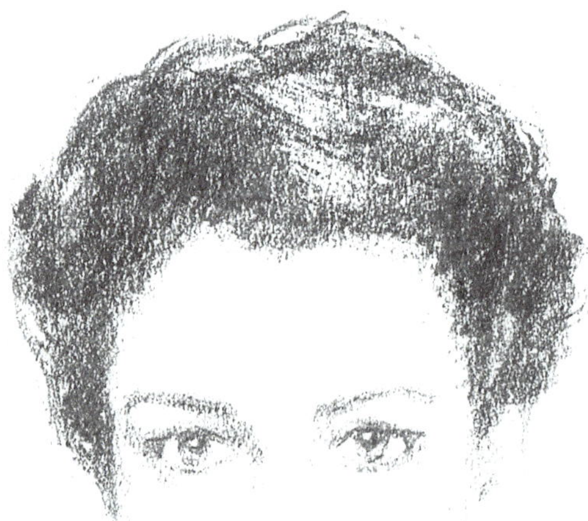

82

Abb. 82 und 83: Einige Beispiele von Frauenköpfen mit unterschiedlichem Material (Bleistift, Rötel, Kreide etc.). Beachten Sie die Frisuren und das Make-up. Sie entsprechen der Mode zu Beginn der achtziger Jahre. Wichtig ist, daß der Künstler sie berücksichtigt, vor allem wenn er aus dem Gedächtnis zeichnet. „Man muß mit seiner Zeit leben und darstellen, was man sieht", sagt Manet.

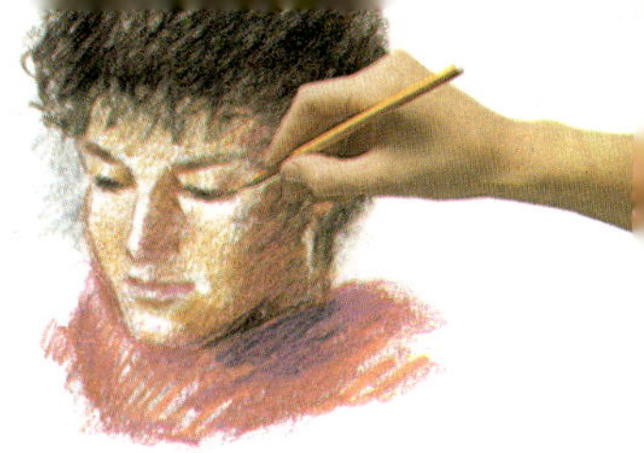

Im folgenden Kapitel untersuchen und zeichnen wir die Gesichtsteile, also die Augen und die Augenbrauen, die Nase und die Ohren, den Mund und die Lippen sowie das Haar. Wir wollen feststellen, wie das Auge aufgebaut ist und wie seine einzelnen Bestandteile sich darstellen, wenn der Kopf von vorn, im Profil oder in der Dreiviertelansicht erscheint und nach oben oder unten gerichtet ist. Das gleiche untersuchen wir bei den Brauen. Was geschieht, wenn wir unseren Blickwinkel verändern? Wir untersuchen, wie man eine Nase von vorn zeichnet, die weder als gerader Strich noch als bestimmtes Profil erscheint. Wir befassen uns mit den Lippen, mit den Mundwinkeln, wenn sie ein Lächeln andeuten. Es folgt das Ohr von vorn, von unten oder von hinten, wenn uns das Modell den Rücken zukehrt. Schließlich kommen das Haar, dessen Struktur, die Frisur und seine Reflexe an die Reihe …
Das folgende Kapitel ist äußerst wichtig für alle, die ein menschliches Gesicht zeichnen möchten.

84

Ausführliche Untersuchung der Gesichtsteile

Augen und Augenbrauen

Abb. 85: Die genaue Form der Augen von vorn und im Profil. Es handelt sich um zwei Bleistiftzeichnungen.

Abb. 86: Ich rate Ihnen, die Augen Ihrer Freunde und Verwandten zu skizzieren, die für Sie posieren. Zeichnen Sie sie, wie ich es hier getan habe: von vorn, aus der Dreiviertelansicht, beinahe im Profil, mit gesenktem oder angehobenem Kopf etc.

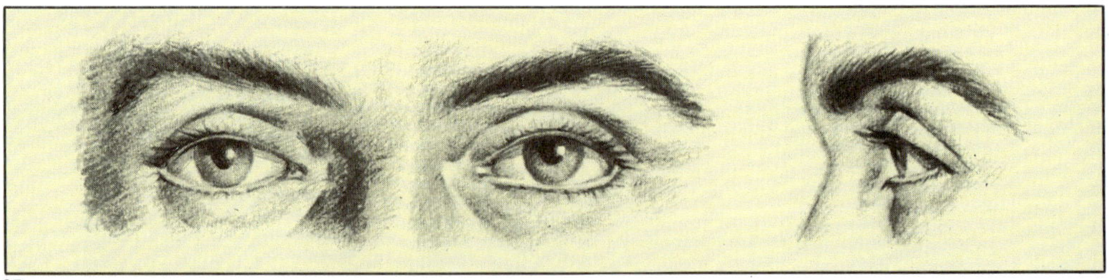

85

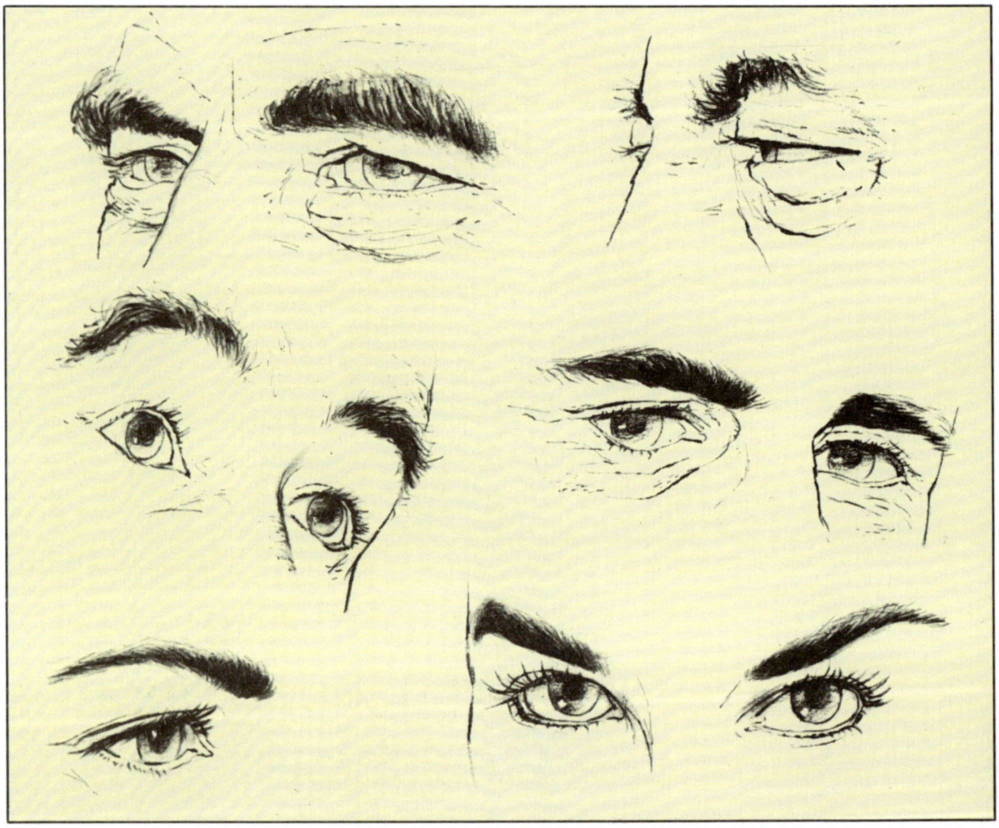

86

Verfolgen Sie diese Lektion mit einem Spiegel vor Augen, damit Sie alle Punkte, die ich gleich aufführen werde, selbst nachprüfen können.

Betrachten Sie sich von vorn, mit dem Blick nach oben, nach unten und zur Seite. Untersuchen Sie dabei, wie sich die Formen der einzelnen Gesichtsteile verändern …

Sie wissen ja, daß die Augenbrauen dicht oder locker sein können; sie sind glatt, als wären sie gerade gekämmt worden, oder struppig und aus dickem Haar, das ihre wahre Form verbirgt. Sie bestehen aus einer geschwungenen, fast geraden oder unterbrochenen Linie etc. (Abb. 86).

Zeichnen Sie jedoch bitte nicht „soundsoviele Striche“. Geben Sie Ihren Strichen vielmehr die erforderliche Intensität, um die Stärke der Härchen und die Tonwerte darzustellen. Die Unterschiede ergeben sich aus den Strichen und nicht aus gleichmäßigen Tönen oder Verwischungen.

Untersuchen Sie die verschiedenen Formen der Brauen je nach Haltung des Kopfes. Bedenken Sie, daß die Augenbrauen symmetrisch sind und auf einer gewölbten Fläche – der Stirn – liegen, die an den Seiten stärker abgeflacht ist als in der Mitte.

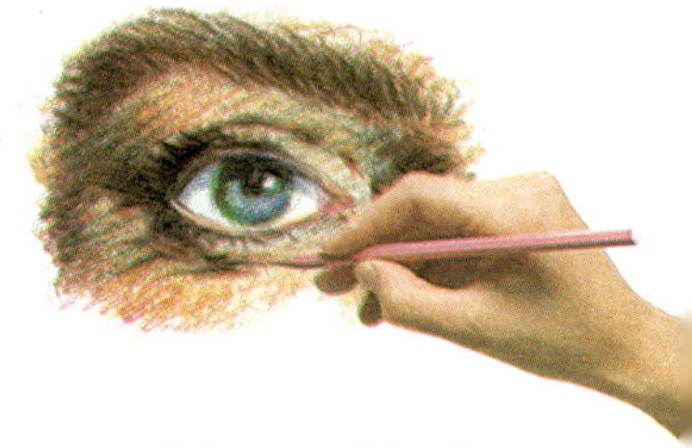

Wie Ihnen bekannt, besteht das menschliche Auge aus einer kleinen Kugel – dem Augapfel –, der in der sogenannten Augenhöhle liegt und vorn von einer Hautfalte bedeckt und geschützt wird, dem Augenlid. Angesichts dieser Beschreibung erinnern Sie sich bitte an folgendes: Zeichnet man aus unterschiedlichen Blickwinkeln einen kleinen Kreis auf eine Kugel, stößt man mehr oder weniger auf die gleichen Probleme wie beim Zeichnen eines Auges: nämlich die optische Verkürzung und die Perspektive. Versuchen Sie, diese Schwierigkeiten zu begreifen, und betrachten Sie dazu Abbildung 88. Sie merken, daß Sie den kleinen Kreis um so stärker verkürzt sehen, je weiter die Kugel gedreht ist.

Stellen Sie sich jetzt vor, die Kugel wäre von einer etwa zwei Millimeter dicken Gummischicht umgeben, und machen Sie in Gedanken über dem kleinen schwarzen Kreis einen leicht nach unten gebogenen Einschnitt (Abb. 89 E, F). Öffnen Sie diesen Schnitt, erhalten Sie eine Nachbildung des Augenlids. Fast immer sehen Sie einen der beiden Lidränder, dessen Form sich je nach Lage verändert (Abb. 89 G, H).

Am äußeren Lidrand wachsen die Augenwimpern, und zwar senkrecht zur Kugelfläche, und bilden einen rechten Winkel mit dem Lid. Sehen Sie sich die Stellen, an denen die Wimpern wachsen, genau an, um sie beim Zeichnen richtig anzulegen (Abb. 90).

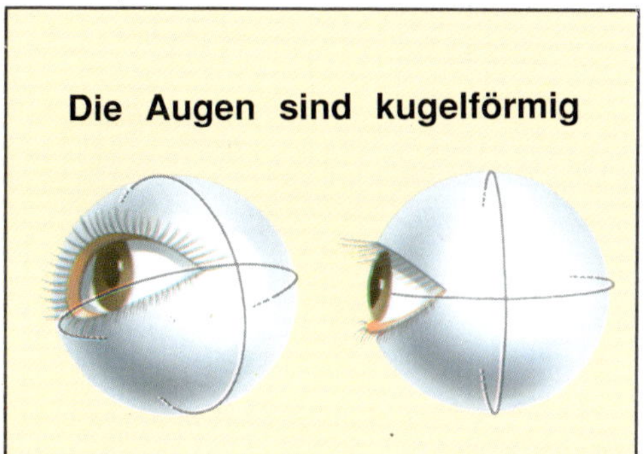

87

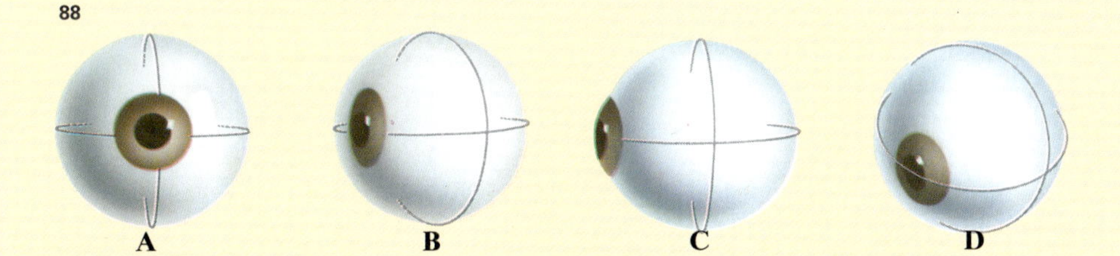

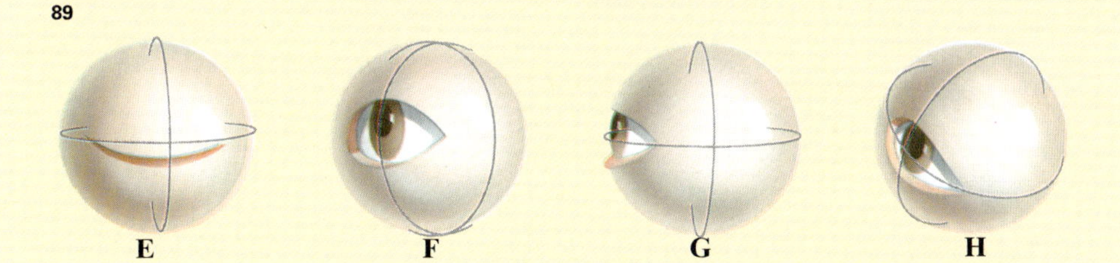

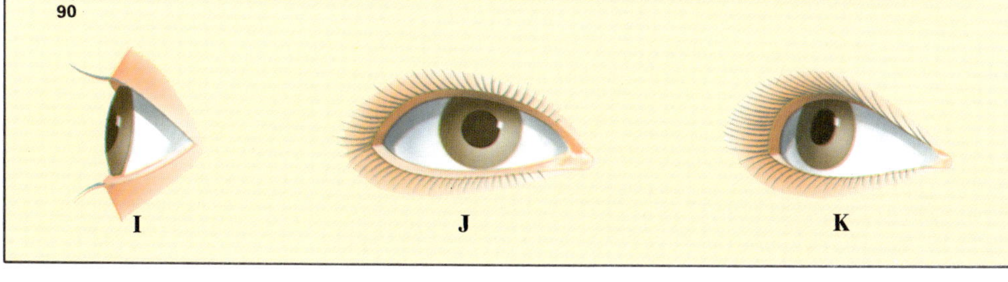

Abb. 87: Die Augen besitzen eine Kugelform. Iris und Pupille sind Bestandteil des Augapfels. Von vorn gesehen bereitet das Auge keinerlei Problem. Betrachtet man es jedoch im Profil, von oben oder unten, stellen sich beim Kreis der Pupille und der Iris perspektivische Verkürzungen ein. Es reicht, das zu zeichnen, was man bei dem Modell sieht – und daran zu denken, daß die Augen kugelförmig sind.

Abb. 88: Natürlich wird aus dem perfekten Kreis der Iris und der Pupille in der Frontalsicht (A) eine Ellipse, sobald sich der Augapfel zu einer Seite, nach oben oder unten dreht (B, C, D).

Abb. 89: Stellen Sie sich jetzt vor, der Augapfel wäre mit einer Gummischicht überzogen und Sie schnitten ihn leicht nach unten gebogen ein (Abb. 89E). Öffnen Sie diesen Einschnitt, erhalten Sie eine schematische Darstellung des Lids. Sie stellen fest, daß dessen Form je nach Blickpunkt wechselt. Aus perspektivischer Sicht erkennt man fast immer einen der Ränder (F, G, H).

Abb. 90: Hier die Lage und die Form der Wimpern im Profil. Die Wimpern bilden beinahe einen rechten Winkel mit dem Lid (I). Beachten Sie schließlich die Lage der Wimpern bei der Frontalansicht und aus der Dreiviertelperspektive.

Die Augen von vorn

Darüber liegen die Brauen, darunter, von Haut bedeckt, jene Muskeln, die das Oberlid bewegen. Dann folgt das Oberlid selbst. Ist die Haut gespannt, sieht man den Bogen, den das Lid beschreibt (Abb. 91); ansonsten wird diese geschwungene Linie zur Hälfte von der darüberliegenden Hautfalte verdeckt. Diese Falte oder Tasche kann so ausgeprägt sein, daß sie die Form des Lids vollständig verbirgt (Abb. 92).

Bei geöffneten Augen ist die Krümmung des oberen Augenlids stärker ausgeprägt als die des Unterlids (Abb. 93)

Schließlich ist zu beachten, daß die Augen auf einer gebogenen Fläche liegen, die der Stirn ähnelt und wie diese an den Außenrändern nahe den Schläfen stärker gekrümmt ist (Abb. 94). Daher besitzt das von vorn gesehene Auge keine symmetrische Öffnung wie bei A, sondern eine unregelmäßige Form wie bei B.
An dieser Stelle sollte man sich an die Form und die Lage der Wimpern erinnern. Sie wachsen bekanntlich auf einer kugelförmigen Fläche. Vergißt man das nicht, fällt es einem leichter, sie je nach Blickwinkel des Betrachters korrekt zu zeichnen (Abb. 95).

91

Abb. 91: Betrachten wir jetzt das äußere Auge von vorn. Wir stellen fest, daß man beim jungen Menschen fast immer die Linie A erkennt. Sie bestimmt die Form des Lids.

92

Abb. 92: Bei manchen Menschen, vor allem älteren, ist das Oberlid faltig und verbirgt daher die Wölbung.

A B 93

Abb. 93: Es ist ein Fehler, Oberlid und Unterlid symmetrisch zu zeichnen. Denken Sie daran, daß das Unterlid weniger auffällt und weiter geöffnet ist als das Oberlid.

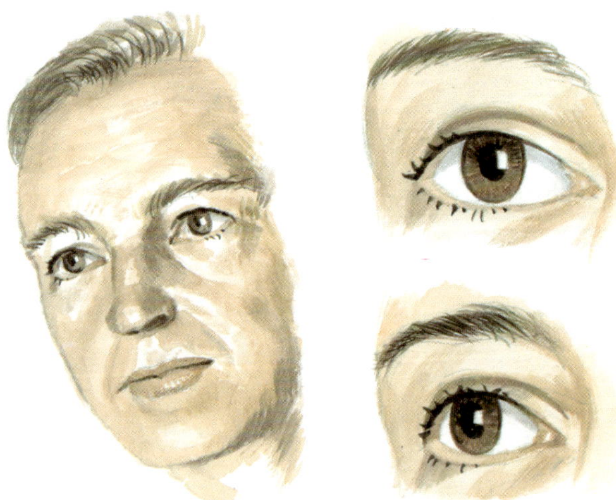

A B 94

95

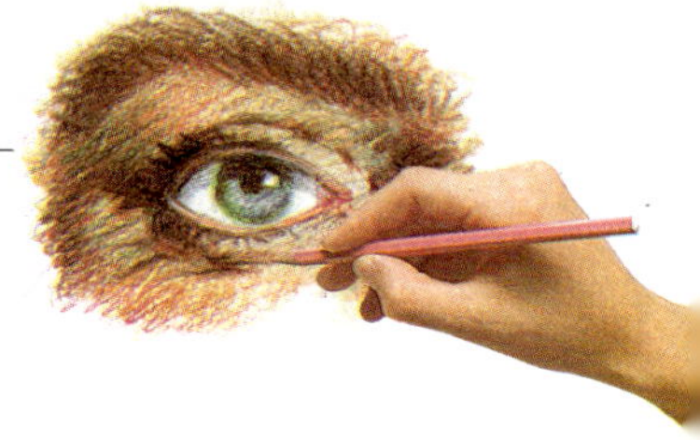

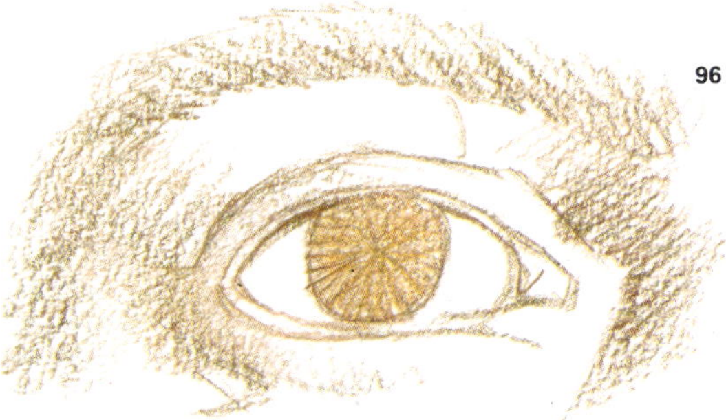
96

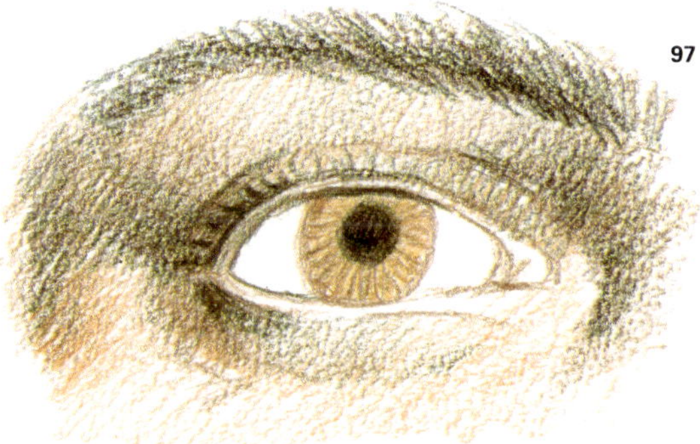
97

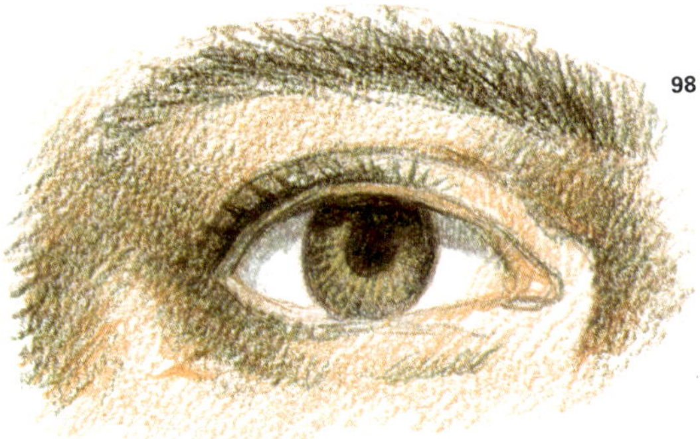
98

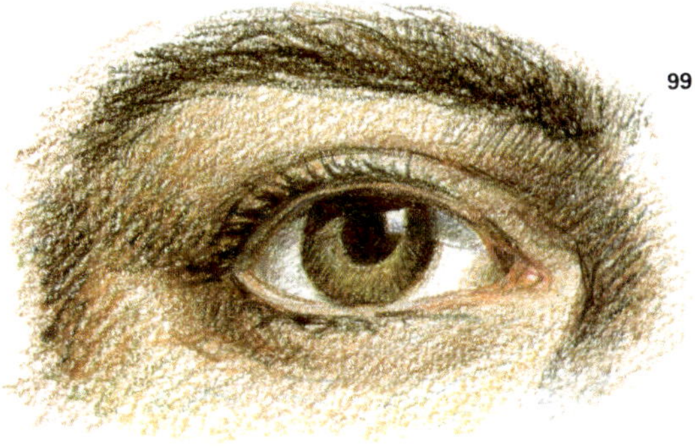
99

Jetzt kommen wir zu den sichtbaren Formen des Augapfels. Nachstehend sehen Sie, wie man die Iris und die Pupille zeichnet. Dabei sind gewisse Merkmale der Form, der genaue Ton des Spitzlichts, das Spiel von Licht und Schatten etc. zu berücksichtigen.

Abb. 96: Behandeln Sie den kleinen Kreis der Iris zunächst isoliert, und zeichnen Sie ihn in einem dunklen Grauton aus Strichen, die zum Mittelpunkt des Kreises laufen. (Sie können dabei sofort das Spitzlicht andeuten, was ich hier nicht getan habe, damit man den jeweiligen Ton und die Form besser erkennt.)

Abb. 97: Zeichnen Sie im Innern einen kleineren, dunkleren Kreis (für uns ist er beinahe schwarz), der der Pupille entspricht.

Abb. 98: Fast immer liegt ein schmaler Wurfschatten des Augenlids und der Wimpern auf dem oberen Abschnitt der Iris. Links oder rechts – je nach Lichtrichtung – begrenzt ein dunklerer Streifen neben einem helleren Ton den dunkelgrauen Kreis der Iris.

Abb. 99: Auf der gegenüberliegenden Seite befinden sich immer ein oder mehrere kräftige Spitzlichter, die von den jeweiligen Lichtquellen stammen. Dieses Licht konzentriert sich wegen der Kugelform des Auges und seiner Feuchtigkeit in ein oder mehreren Punkten.

Einige Beispiele für das Auge

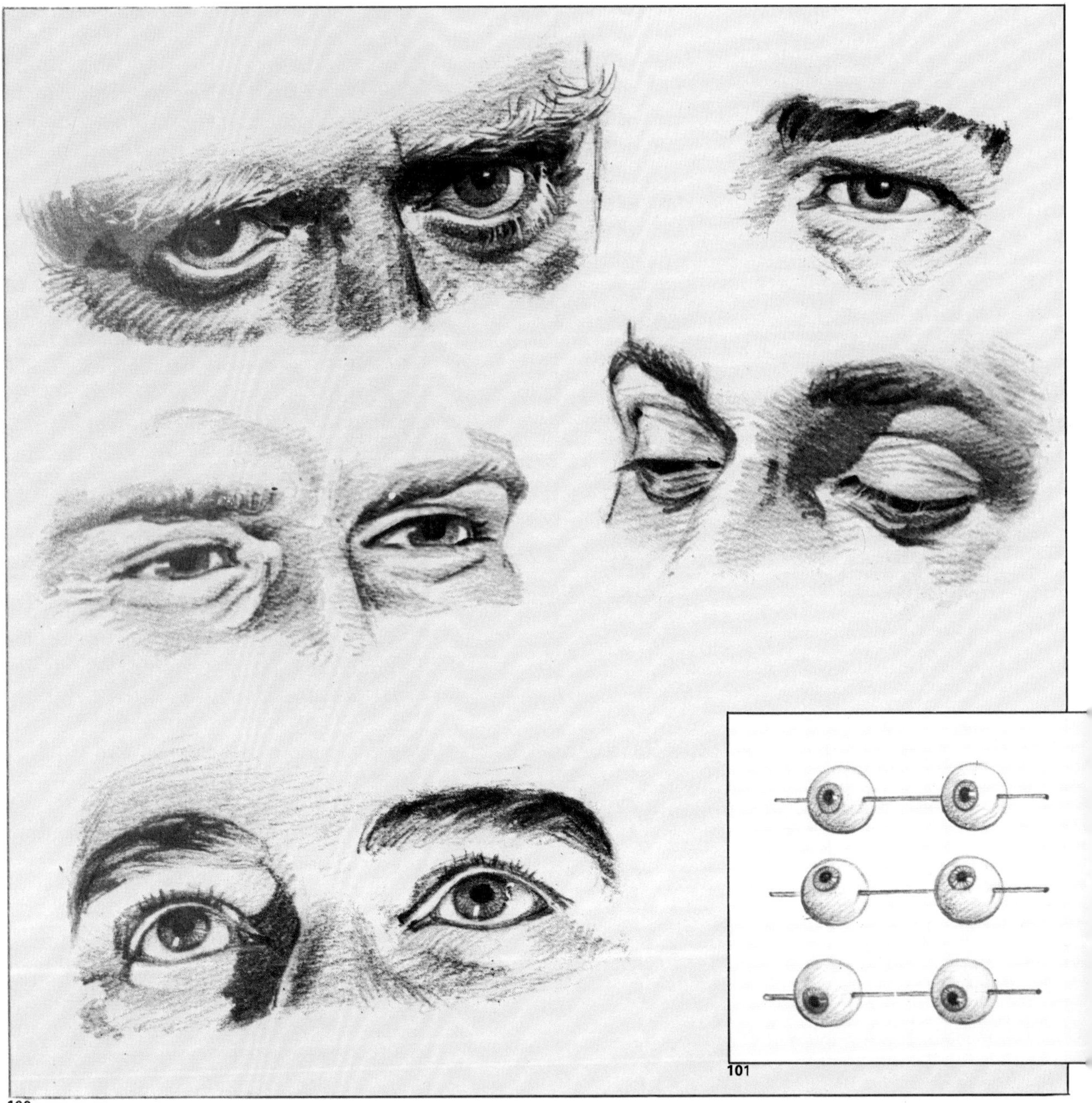

101

100

Abb. 100 bis 102: Nach Zeichenübungen der Grundstruktur des Auges, suchen Sie sich ein Modell, und zeichnen Sie dessen Augen wie ich mit einem Bleistift 2B auf Papier mit mittlerem Korn. Lassen Sie ihn nach oben, unten und zur Seite sehen: beide Augen bewegen sich gleichzeitig (Abb. 101).

Und hier nun die beiden Augen zusammen. Beide bewegen sich gleichzeitig, liegen auf derselben gewölbten Fläche und sind kugelförmig … Das heißt, sie können alle nur möglichen Probleme aufweisen und das gleich zweifach (Abb. 100).

Die Tatsache, daß sich beide Augen auf einer gewölbten Fläche befinden, bedeutet, daß wir sie nicht ganz gleich sehen. Eine Ausnahme bildet die absolute Sicht von vorn. Ist sie nicht gegeben, sehen wir die Augen zum Beispiel aus der Dreiviertelperspektive, liegt ein Auge beinahe im Profil, während das andere stärker von vorn zu erkennen ist.

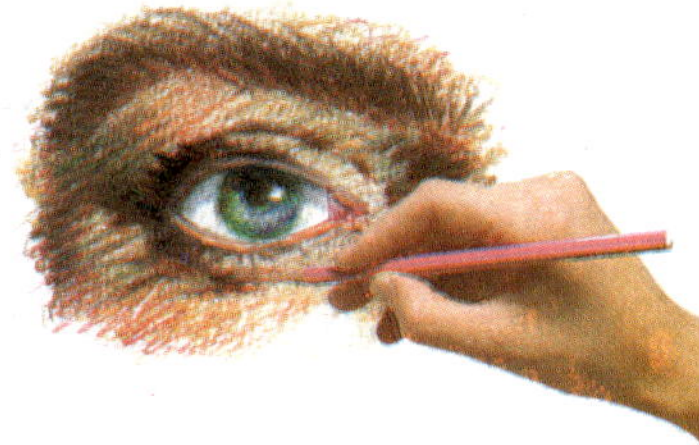

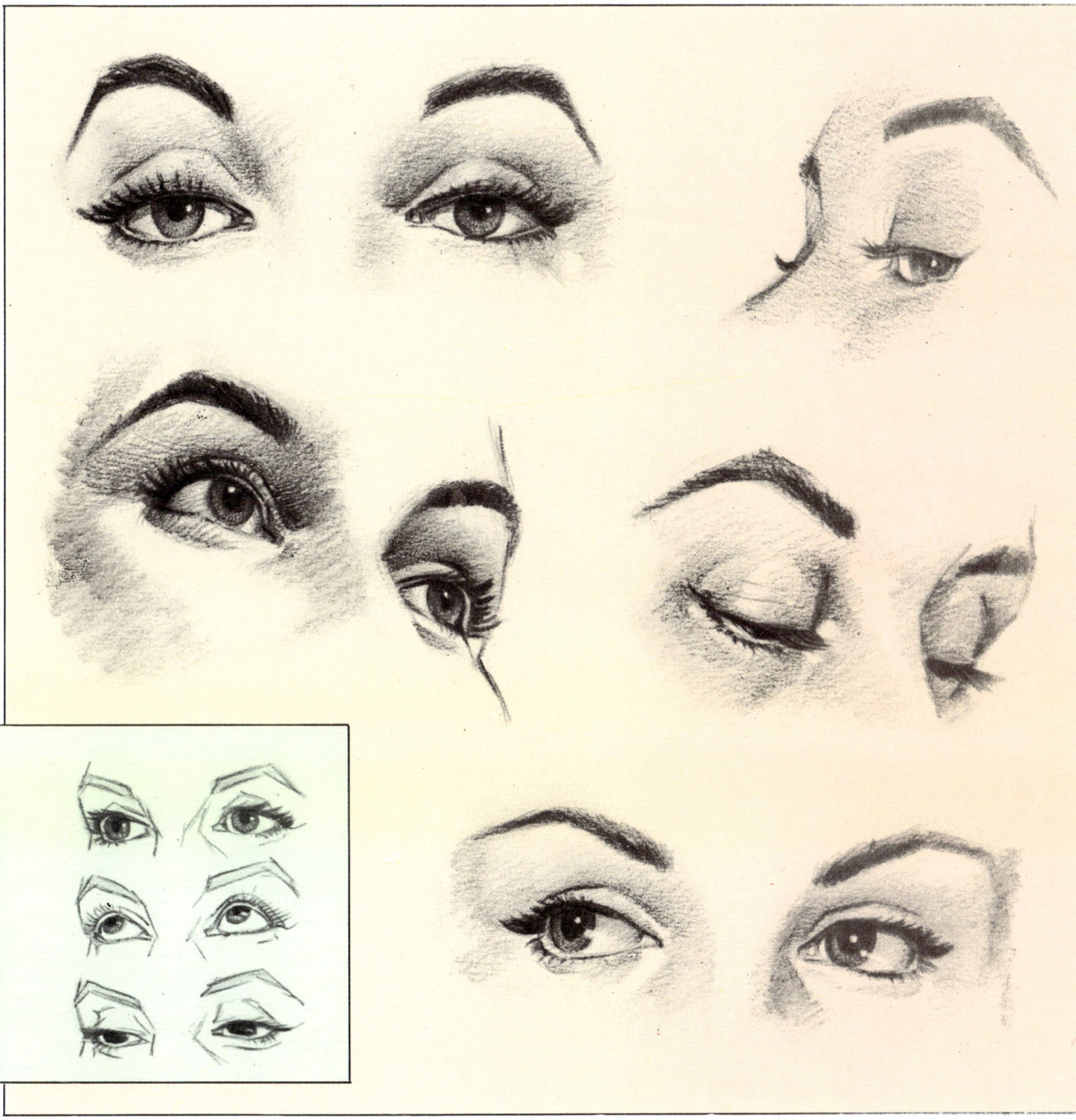

102

Darin besteht das eigentliche Problem. Hier bleibt nur, gut hinzusehen und zu zeichnen, was einem das Modell „sagt" – wie die Augen wirklich aussehen oder sich die Augen, wie zuvor erwähnt, als kleine Kugeln vorzustellen.

Bedenken Sie, daß sich beide Augen immer gleichzeitig bewegen und es sich letztlich um zwei völlig identische, aus einem unterschiedlichen Blickwinkel gesehene Körper handelt, werden Sie niemals schielende Augen zeichnen. Das ist übrigens der häufigste Fehler des Hobbymalers. Im Grunde handelt es sich um ein einfaches Problem der Perspektive, wobei die Lage des einen Auges die des anderen bestimmt (Abb. 101).

Soweit zum Thema Auge. Anschließend wollen wir uns mit der Nase und den Ohren befassen.

Die Nase und die Ohren

Abb. 103: Hier die Form der Nase im Profil, aus der Dreiviertelsicht, beinahe und ganz von vorn. In jedem Fall geben nur wenige Farbflecken die Wirkung von Licht und Schatten wieder und sorgen für Volumen und Tiefenwirkung.

Abb. 104: Das Ohr von vorn, im Profil, aus der Dreiviertelsicht. Um es gut zu zeichnen, muß man genau kopieren, was das Modell „aussagt".

Beginnen wir mit der Nase, die fast immer schlecht gezeichnet wird, weil man sie sich nicht richtig ansieht. Man untersucht sie nicht ordentlich und versucht gar nicht erst, ihren Aufbau zu erkennen. Im Profil stellt sie kein Problem dar. Aber von vorn! Von vorn betrachtet besitzt sie keine klaren Konturen, und in der Breite ist sie unten von Flecken oder leichten Schatten sowie einem Lichtschein begrenzt, die die Seiten, die Länge und die Tiefe modellieren.

Um ihre Form korrekt wiederzugeben, darf man sie nicht dreidimensional betrachten, sondern muß sie als ebene Fläche sehen und damit auch ohne optische Verkürzung. Betrachten Sie sie also als ein Ganzes aus Licht und Schatten, als handle es sich um einen Druck oder eine Fotografie.

Um die perspektivische Verkürzung auszuschalten, braucht man nur eines zu tun:

Man betrachtet das Modell ohne seine dritte Dimension.

Noch etwas ist sehr wichtig:

Betrachten Sie das Modell, als handle es sich um etwas völlig Unbekanntes.

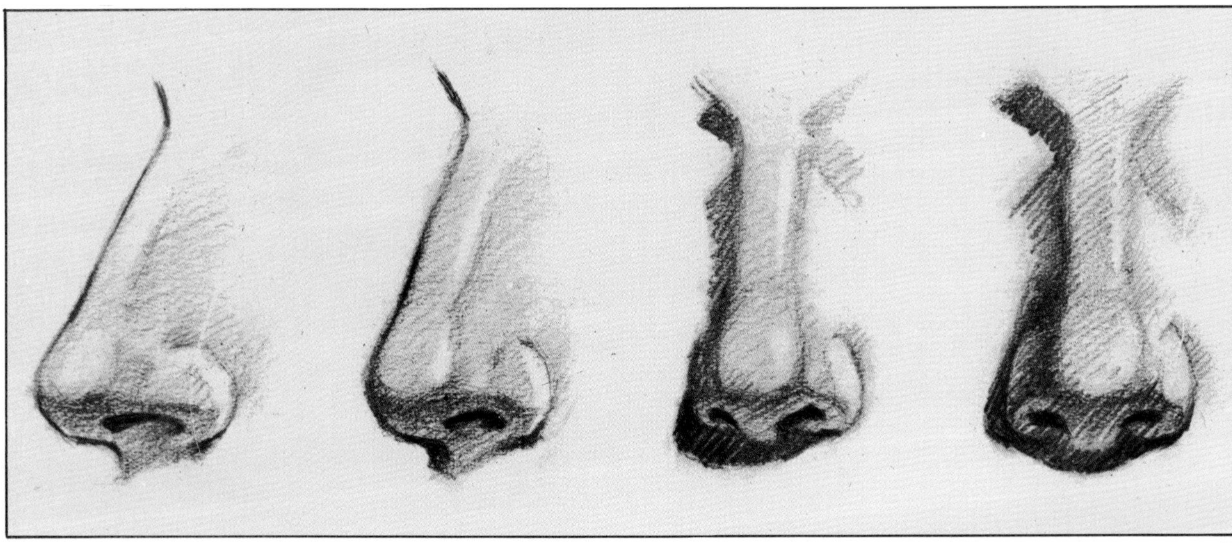

103

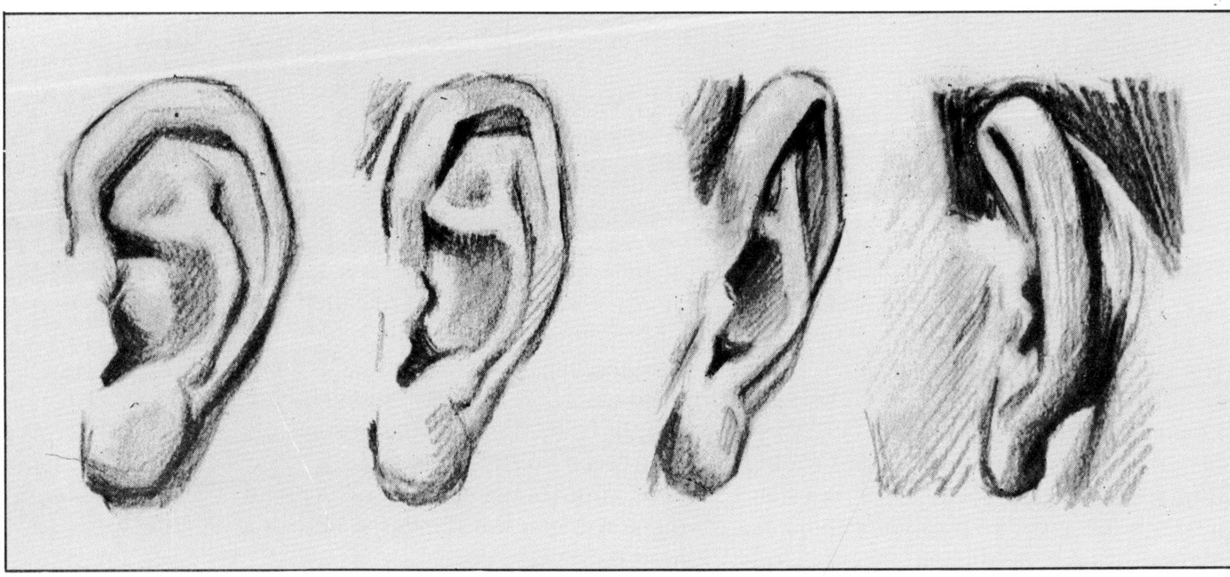

104

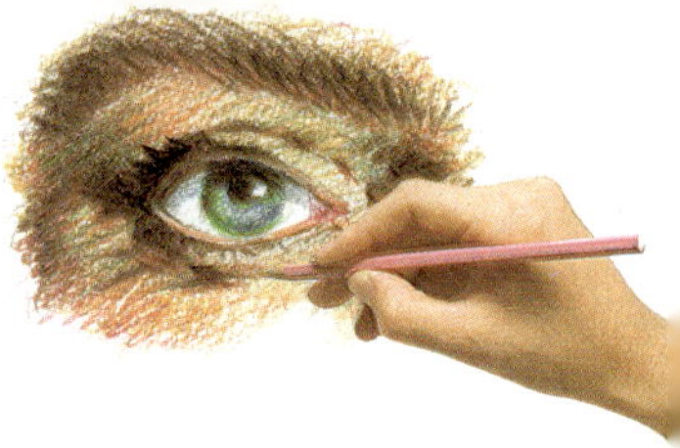

Vergessen Sie, daß es sich um eine Nase handelt. Sehen Sie nur das Ensemble der Farbflecken, und versuchen Sie, das Spiel von Licht und Schatten wiederzugeben. Betrachten Sie zum Abschluß die nebenstehenden Nasen. Sie wurden aus verschiedenen Blickwinkeln in vereinfachter Form gezeichnet. Studieren Sie Ihre eigene Nase im Spiegel, und zeichnen Sie sie in dieser Position ...
Was wir zum Thema Nase gesagt haben, trifft auch auf die Ohren zu. Man erinnert sich vage an die Form, aber wer kann schon ein Ohr exakt aus dem Kopf zeichnen? Betrachten Sie ebenfalls die nebenstehenden Abbildungen der Ohren im Profil, perspektivisch verkürzt, von vorn und von hinten (Abb. 104).

Abb. 105: Setzen Sie sich vor einen Spiegel, und zeichnen Sie mit einem weichen Bleistift Nr. 4B oder 6B Ihre eigene Nase von vorn, von oben, ein wenig von unten, von der Seite etc. Betrachten Sie die Nase als ein Ensemble von Farbflecken, Grautönen und Abstufungen, und versuchen Sie zu vergessen, daß es sich um Ihre eigene Nase handelt. Beschränken Sie sich ausschließlich auf die korrekte Anlage der Farbflecken mit den richtigen Maßen und Proportionen, und zeichnen Sie eine ganze Serie von Nasen.

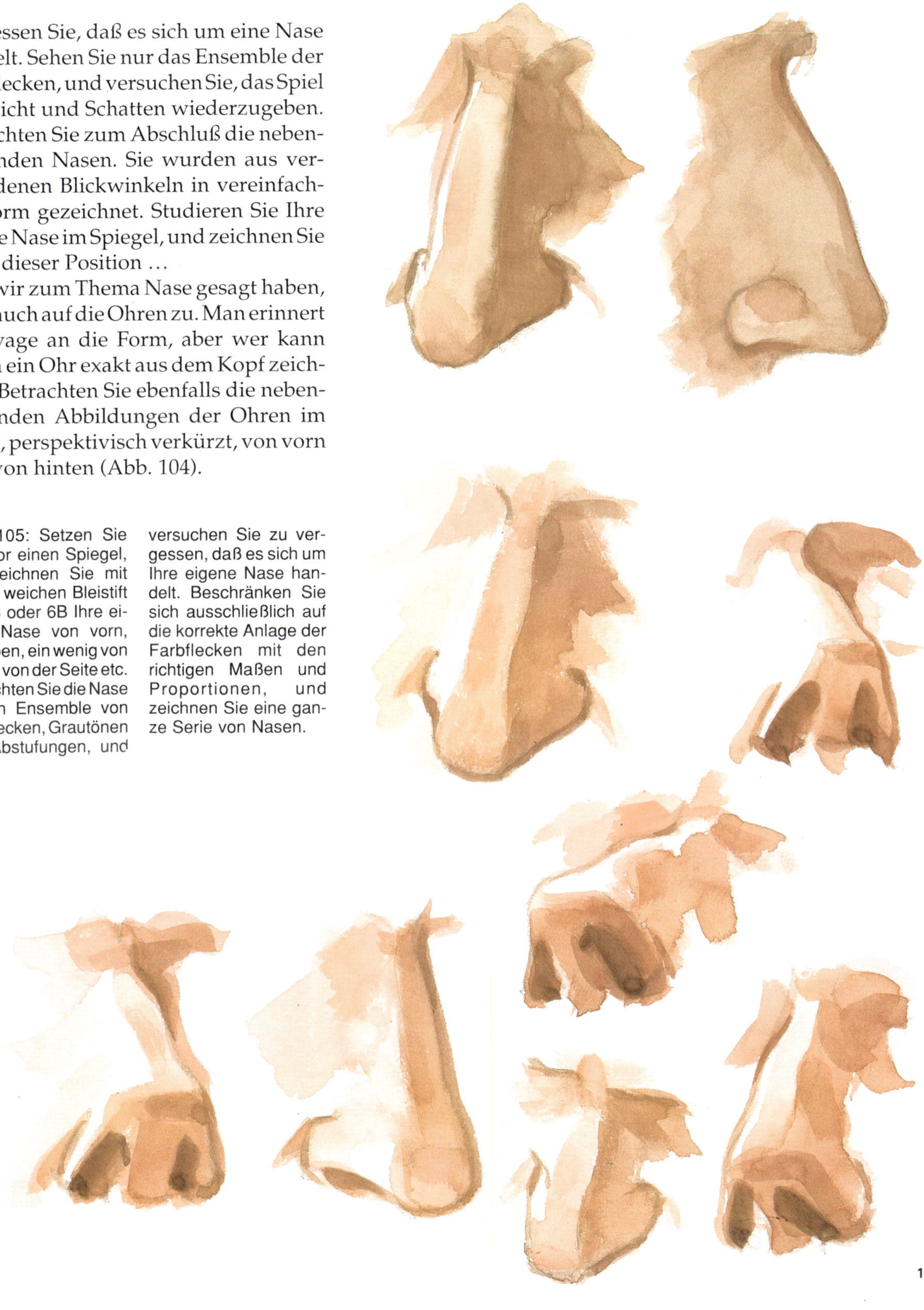

105

Die Lippen und der Mund

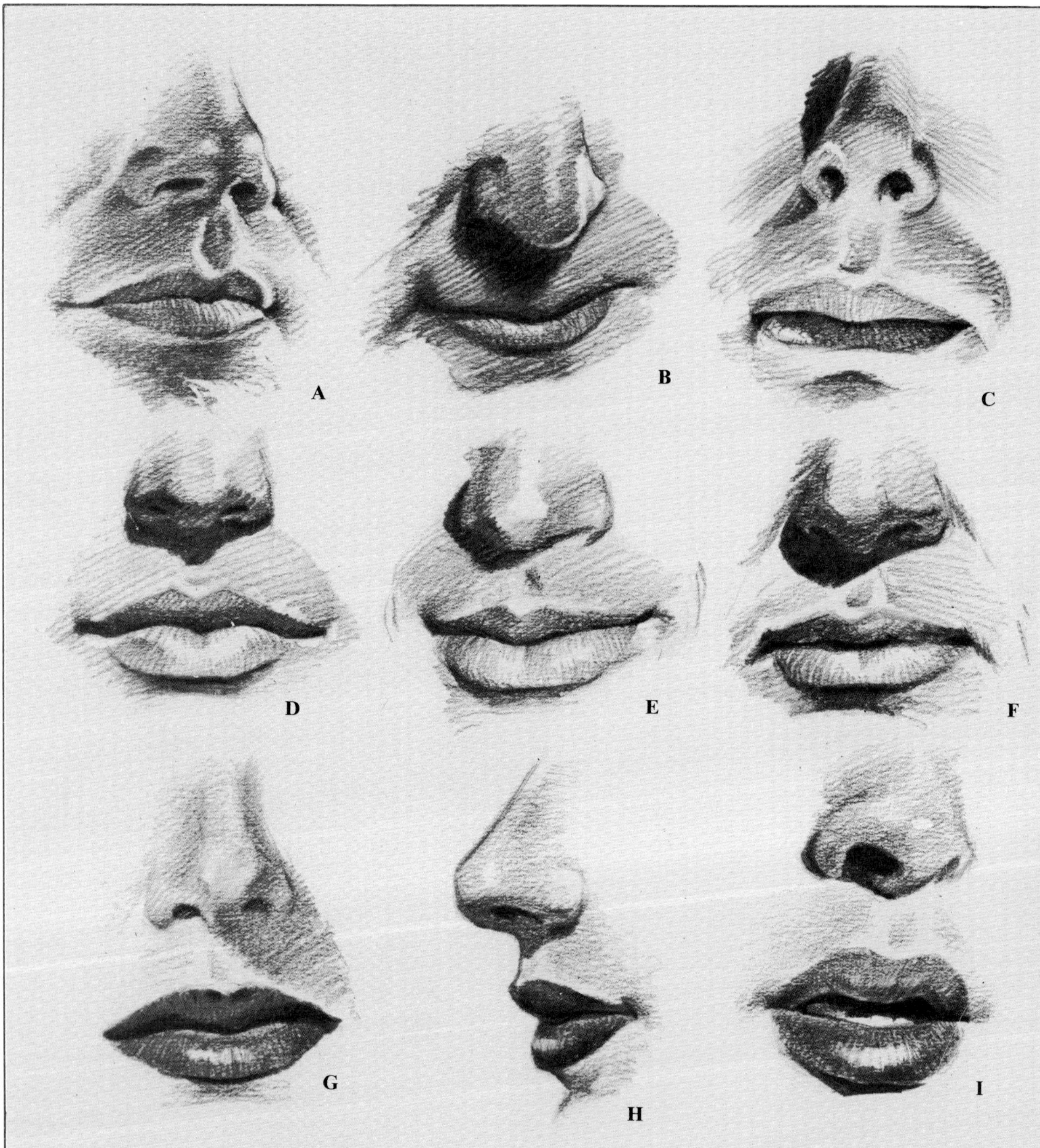

106

Abb. 106: Anhand dieser Beispiele für Nasen und Münder als Bleistiftzeichnung können Sie die unterschiedlichen Formen je nach Blickwinkel untersuchen. Beachten Sie zum Beispiel die wellige Linie zwischen den Lippen, die besonders bei der Zeichnung C gut zu sehen ist, und untersuchen Sie deren jeweilige Form im Verhältnis zum Betrachter. Abbildung C und Abbildung D darunter zeigen die Nase von vorn. Vergleichen Sie diese mit den Skizzen von Abbildung a, e, f, g. All diese Beobachtungen nützen jedoch nichts, ,,wenn Sie sich nicht selbst die Hände schmutzig machen", wie Balzac sagte; wenn sie nicht selbst Nasen und Münder nach der Natur zeichnen. Zeichnen Sie zum Abschluß dieser Skizzen die Nase, den Mund und die Falte unterhalb der Unterlippe als Einheit.

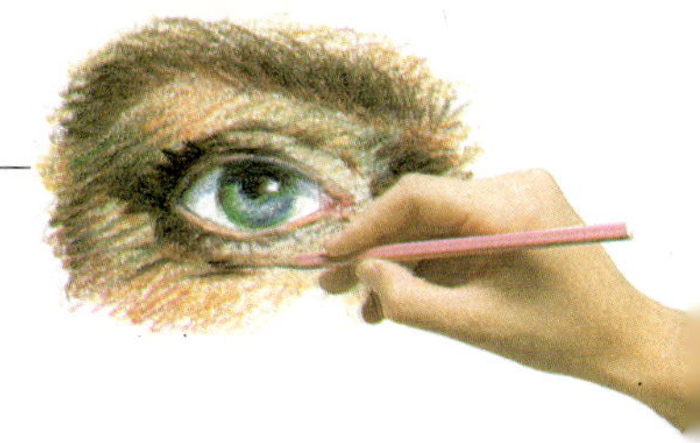

Ist der Mund geschlossen, sehen wir nur die Lippen. Sie sind dick, fleischig, fein oder schmal. Sie besitzen eine besondere Perspektive, denn sie befinden sich wie die Augen auf einer gebogenen Fläche. Sie haben vorspringende Teile, Falten, eine besondere Farbe, Spitzlichter ... Einen geschlossenen Mund zu zeichnen, ist längst nicht so einfach, wie es auf den ersten Blick aussieht!

Betrachten Sie zum Beispiel auf Abbildung 106 gegenüber die perspektivische Verkürzung der von uns entfernteren Hälfte (A) bei der Dreiviertelansicht; beim leicht nach oben oder nach unten gerichteten Kopf ist die eine Lippe deutlicher sichtbar als die andere (B), und bei der Frontalansicht entsteht in der Mitte eine merkwürdig gewellte Linie (C). Beachten Sie die kleinen Einkerbungen an den Mundwinkeln. Aufgrund ihrer Richtung wissen wir bereits, ob die Gestalt lacht (E) oder ein versteinertes Gesicht hat (D). Untersuchen Sie, wie man mit dem Bleistift Volumen erzeugt (dies gilt für alle Verfahren, eingeschlossen die Malerei). Zeichnen Sie zunächst einen ziemlich gleichmäßigen Grundton, der die beleuchteten und die unbeleuchteten Teile bereits modelliert. Ziehen Sie anschließend Striche – man könnte beinahe sagen Pinselstriche –, die die Lippen zu umhüllen scheinen, und lassen Sie sie stehen, um die faltige Haut der Lippen bei geschlossenem Mund anzudeuten (F).

Beachten Sie, daß die Lippenfarbe beim Mann blaß, ja beinahe nicht zu erkennen ist, während die weiblichen Lippen entschieden dunkler sind. Sie enthalten auch kleine Spitzlichter in Strichrichtung, die die Spalten wiedergeben (G und H).

Betrachten Sie schließlich den Mund bei leicht geöffneten Lippen. Wichtig sind vor allem die weichen, vorspringenden Stellen, die die Form und die Richtung der Trennungslinie zwischen den Lippen bestimmen (I).

Vergessen Sie beim Zeichnen des Mundes nicht, bei dieser Übung den unteren Teil der Nase und die Falte am Kinn einzuschließen. Beide sind eng mit dem Erscheinungsbild des Mundes verknüpft und prägen dessen Form, Größe und allgemeine Struktur.

Abb. 107: Vermutlich werden Sie keinen Kopf oder kein Porträt einer lächelnden oder offen lachenden Gestalt zeichnen. Betrachten Sie zu Ihrer Information trotzdem die Skizzen, und merken Sie sich die Form des Mundes von vorn, im Profil, von oben etc. Achten Sie besonders auf die Strichführung, die Grautöne und die Begrenzungen der Zähne.

107

Die Frisur

Der Charakter eines Kopfes wird wesentlich von der Frisur bestimmt. Sie haben gewiß längst festgestellt, daß zahlreiche Menschen ihr Aussehen allein durch eine neue Frisur verändert haben.
Bei der Wiedergabe des Haars stellt sich sowohl beim Malen als auch beim Zeichnen das Problem der Form, des Glanzes und der Reflexe, des Spiels von Licht und Schatten, der Tonwertbestimmung und der Strich- bzw. Pinselrichtung.
(Das auf den Abbildungen gezeigte Verfahren eignet sich für jede Frisur, bei Männern wie bei Frauen.)
Abb. 108: Der erste Schritt besteht aus einer sehr sorgfältigen linearen Einrahmung.
Abb. 109: Anschließend erfolgt eine erste Angabe von Licht und Schatten, wobei der Strichrichtung große Bedeutung zukommt. Das Weiß für die beleuchteten Stellen wird ausgespart.
Abb. 110: Der Ton wird durch Überlagerung der Striche verstärkt, und zwar immer in der logischsten Richtung, die von der Frisur vorgegeben wird. Beachten Sie die Bewegung des Haars, aus der sich die Reflexe ergeben. Hierfür verwenden wir einen Wischer (oder den Finger), um entsprechende Abstufungen herzustellen. Das geschieht zunächst schematisch, als handle es sich um metallische Reflexe ohne Spalten oder sich kreuzende Härchen. Wichtig ist, sie breit anzulegen, damit Sie sie anschließend, ohne zu radieren, ausbessern und verkleinern können.
Abb. 111: Beachten Sie bei dieser Abbildung, in welcher Strichrichtung das Haar gezeichnet und modelliert wurde.
Abb. 112: Beginnen Sie die Abschlußarbeiten mit dunkleren Strichen, um die Trennungen und die sichtbarsten Spalten wiederzugeben. Gleichzeitig legen Sie die Spitzlichter und die Reflexe an. An manchen Stellen „verschwinden" diese Striche unter den Reflexen, oder sie verlaufen bis zur Mitte eines solchen.
Abb. 113: Hier die Abschlußphase. Wir säubern, was wir im vorigen Stadium geschaffen haben, mit einem Radiergummi und erzeugen große Reflexe, die durch Verstärkung der Kontraste noch besser sichtbar werden. Schließlich zeichnen wir feine Linien, um die Härchen darzustellen, die die Reflexe kreuzen. Diese Haare verleihen dem Kopfhaar seine besondere Qualität.

108

109

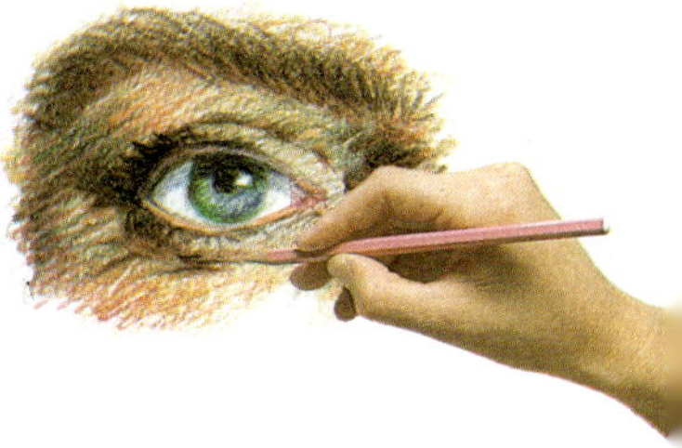

110

111

112

113

Abb. 108 bis 113: Bei der Zeichnung wie auch bei der Malerei läßt sich die Technik für die Darstellung des Haars in drei Grundregeln zusammenfassen. Zunächst zeichnet man linear und zusammenfassend jene Formen, die das Spiel von Licht und Schatten wiedergeben (Abb. 108); anschließend schematisiert und modelliert man die Tonwerte und das Spiel von Licht und Schatten (Abb. 109 und 110). Drittens arbeitet man die Frisur aus und hält sich dabei an die Strichrichtung, die vom Haar selbst vorgegeben wird (Abb. 111 und 113).

Das Porträt ist gewiß das schwierigste Thema für den Künstler. Auf diese Kunst haben sich die Porträtmaler spezialisiert, auch wenn alle Maler – eingeschlossen die Landschaftsmaler und die Maler von Stilleben – gelegentlich ihr Selbstporträt gezeichnet oder gemalt haben. Es ist gewiß eine schwierige Kunst, die die absolute Beherrschung der Zeichnung des Gesichts und des Kopfes voraussetzt. Ihr Erfolg beruht jedoch auf der Ähnlichkeit mit dem Modell. Und das bedeutet, daß der Künstler nicht nur die physischen Gesichtszüge wiedergeben darf, sondern „in den Geist seines Modells eindringen muß", wie Ingres es seinen Schülern riet. Von dieser Ähnlichkeit des Modells und Ingres' Rat wird auf den folgenden Seiten die Rede sein.

114

Das Porträt

Die Lektion von Velasquez

Abb. 115: Der Triumph des Bacchus (Ausschnitt), Öl, Prado, Madrid; Abb. 116: Die Schmiede des Vulkans (Ausschnitt), Öl, Prado, Madrid; Abb. 117: Die Übergabe von Breda (Ausschnitt), Prado, Madrid; Abb. 118: Menippos nach Don Quichote von Cervantes (Ausschnitt), Öl, Prado, Madrid; Abb. 119: Porträt des Zwergs Francisco Lezcano (Ausschnitt), Öl; Abb. 120 und 122: Ausschnitte aus Die Spinnerinnen, Öl, Prado, Madrid; Abb. 121: Die Meninas (Ausschnitt), Öl, Prado, Madrid; Abb. 123: Philipp IV. (Ausschnitt), Prado, Madrid.

115

116

117

118

121

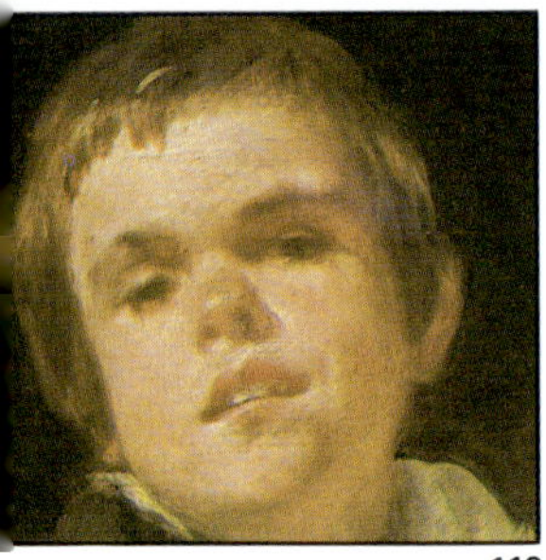
119

122

120

Abb. 115 bis 126: Diego de Silva y Velasquez (1599–1660) war Hofmaler des spanischen Königs Philipp IV. Eines Tages befand er sich in seinem Atelier im Königspalast und betrachtete das Porträt des Admiral Pulido Pereja, als der König eintrat.
,,Sie sind noch da, Admiral? Reisen Sie noch nicht ab?" fragte der König.
,,Der Admiral ist schon fort", antwortete Velasquez. "Sie sprechen zu seinem Porträt."
Velasquez' Können als Porträtmaler, mit dem er selbst den König täuschen konnte, wird anhand der Köpie sichtbar, die er von vorn, im Profil oder in perspekti-

123

124

vischer Verkürzung darstellte, wie jene, die wir hier in Ausschnitten abgebildet haben.
Auf den folgenden Seiten werden wir die Porträtkunst studieren. Velasquez erteilt uns hier mit seinen Köpfen und Porträts eine äußerst wichtige Lektion, die sich in wenigen Worten zusammenfassen läßt: Um ein gutes Porträt zu malen oder zu zeichnen, muß man unbedingt die Zeichnung des menschlichen. Kopfes beherrschen.

Ich rate Ihnen, eines Tages den Prado in Madrid zu besuchen, um die Porträts von Velasquez in seinen weltlichen, religiösen, mythologischen und zeitgenössischen Szenen zu betrachten. Zum Beispiel den „Triumph des Bacchus", „Die Schmiede des Vulkans", „Die Übergabe von Breda" und die „Meninas". Einige dieser Köpfe finden Sie in den Ausschnitten gegenüber. Studieren Sie zum Beispiel die schwierige Verkürzung beim „Kind des Vellecas" oder die noch schwierigere beim Kopf des „Menippos". Was für außergewöhnliche Köpfe! Welche Sicherheit, welche Vollkommenheit, welch ein profundes Können! Diese Porträts sind der endgültige Beweis, daß Velasquez besser als jeder andere Köpfe darzustellen verstand. Wenn er den menschlichen Kopf mit einer derartigen Perfektion aufbaute, zeichnete und malte, konnte es ihm nicht schwerfallen, auch ein Porträt aufzubauen und zu malen. Starke Verkürzungen sind beim Porträt selten, denn der Künstler stellt einen Kopf fast nie von oben oder unten dar.
Da ihm der Aufbau eines Kopfes keinerlei Mühe bereitete, ist zu vermuten, daß Velasquez seine gesamte Aufmerksamkeit den viel schwierigeren und erheblich komplexeren Aspekten der Porträtkunst widmen konnte. So bemühte er sich zum Beispiel, die charakteristischen Züge seines Modells besonders zu betonen. Er versuchte, die „bestmögliche Ähnlichkeit" zu erreichen, den bekanntesten Aspekt seines Modells wiederzugeben, damit es gewissermaßen auf der Leinwand zu leben beginnt, zu uns spricht, uns ansieht und betrachtet.
Velasquez' Lehre läßt sich wie folgt zusammenfassen:

Um ein gutes Porträt zu zeichnen oder zu malen, muß man vor allem die Zeichnung und den Aufbau des menschlichen Kopfes im allgemeinen beherrschen.

125

Ziehen Sie einen Nutzen aus dieser Lehre, und vergessen Sie nie: Zu allererst müssen Sie über alle Kenntnisse verfügen, die sich auf das Studium des menschlichen Kopfes im allgemeinen beziehen und daher den Inhalt, die Regeln und Anweisungen des vorigen Kapitels sehr gründlich lernen und üben. Sie müssen die Proportionen des Kanons, die Besonderheiten der einzelnen Gesichtsteile – Augen, Nase, Mund, Ohren, Haar etc. –, das Grundsätzliche über die Anatomie und den Ausdruck, die Veränderungen entsprechend den Geschlechtern und des Lebensalters etc. im Kopf haben.
Erst dann dürfen Sie sich mit dem zweiten Teil des Basisstudiums befassen, das sich speziell mit der Porträtkunst beschäftigt.

126

Die Grundbedingungen für ein gutes Porträt

127

Abb. 127: Velasquez, Porträt von Papst Innozenz X., Galerie Doria Phamphili, Rom. Im Jahre 1648 reiste Velasquez zum zweitenmal nach Rom und malte dort seinen einzigen herrlichen Akt: Die Venus im Spiegel. Außerdem stellte er das Porträt von Papst Innozenz X. her, das als sein Meisterwerk gilt. „Er entdeckte eine ungeheuer verkürzte, luftige, vibrierende Malweise, an die sich auch Daumier, Corot, Manet und Renoir hielten", sagte der Dichter Leon-Paul Fargue.

Ein gutes Porträt erfüllt zwei Grundbedingungen. Davon handelt diese Lektion.

1. *Es muß eine vollkommene Ähnlichkeit mit dem Modell aufweisen.*
2. *Es muß ein eigenständiges Kunstwerk sein.*

Die erste Grundbedingung versteht sich von selbst. Ist die Ähnlichkeit nicht erreicht, handelt es sich um kein Porträt. Die „vollkommene Ähnlichkeit" beinhaltet eine Reihe physischer und psychischer Gegebenheiten, die nicht so leicht zu erreichen sind, wie es scheint. Das werden wir noch sehen. Die zweite Bedingung bezieht sich auf die Tatsache, daß das Porträt ein Kunstwerk an sich sein muß. Das heißt, die Ähnlichkeit allein genügt nicht. Paßbilder ähneln – normalerweise – völlig dem Modell, trotzdem würde sie niemand bewundern, denn sie besitzen keinerlei künstlerischen Wert. Dagegen bewundern täglich Tausende von Besuchern Velasquez' Porträts von Papst Innozenz X., und zwar nicht wegen der Ähnlichkeit, die niemanden interessiert, sondern wegen des

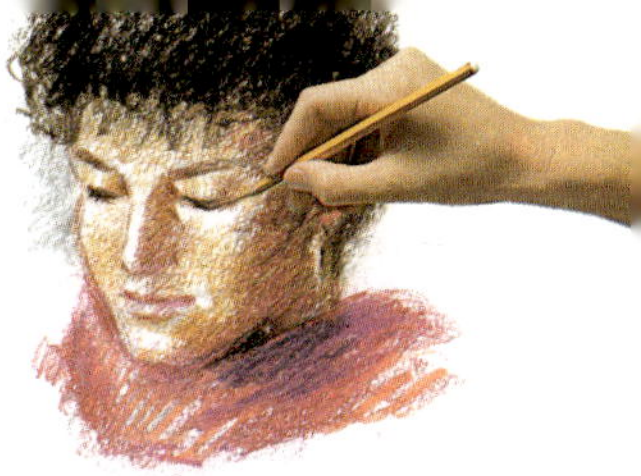

128

eigentlichen Wertes des Bildes als Kunstwerk.
Wir wollen die Faktoren, die diese beiden Grundbedingungen bestimmen, nun untersuchen. Zuvor bitte ich Sie, auf der folgenden Seite „Ingres' Ratschläge für seine Schüler" zu lesen. Sie stammen aus einem Notizbuch, das von den Erben eines seiner Schüler gefunden wurde. Es handelt sich um eine Art Unterhaltung im Atelier über die Kunst des Porträts und der Zeichnung von Menschen im allgemeinen. Der Inhalt ist allgemeingültig, heute noch völlig aktuell und läßt sich voll auf unser Thema anwenden.

Einige Aussprüche werden wir während dieser Lektion zitieren. Lesen Sie diese jedoch zunächst im Zusammenhang …

Abb. 128: William Hogart (1697–1764), Köpfe der sechs Bediensteten von Hogarth, Tate Gallery, London. Was ist das wichtigste bei diesem Bild? Die künstlerische Qualität der Porträts oder die Ähnlichkeit mit den Modellen, den Bediensteten des Malers? Ich würde sagen, daß uns die Ähnlichkeit mit den Modellen kaum interessiert (wir haben sowieso keine Möglichkeit, sie zu überprüfen). Wir können jedoch den perfekten Aufbau der Gesichter, die Farbe, den Ausdruck und die Komposition beurteilen. Ich wage sogar zu behaupten, daß die Ähnlichkeit angesichts der Perfektion dieses Kunstwerks höchstwahrscheinlich ebenfalls völlig erreicht wurde.

Ingres Ratschläge für seine Schüler

Ingres' Ratschläge für seine Schüler

In allem, was wir sehen, steckt eine Karikatur, die wir erkennen müssen. Der Maler muß ein gutes Gespür für die Züge eines Menschen haben und die Karikatur darin zu entdecken suchen.

Man ist nur dann ein guter Künstler, wenn man in den Geist seines Modells eindringt.

Erkennen Sie den besonderen Charakter Ihres Modells. Geben Sie nicht nur die Ähnlichkeit eines starken Mannes wieder, zeigen Sie auch seinen herkulischen Charakter.

Beschäftigen Sie sich mit der Pose des Kopfes und des Körpers. Charakterisieren Sie den Menschen, den Sie malen wollen. Der Körper darf der Bewegung des Kopfes nicht folgen. Bevor Sie zu malen beginnen, studieren Sie die Physiognomie Ihres Modells. Ziehen Sie die Schlußfolgerungen daraus, und geben Sie ihm den dazu passenden Ausdruck.

Befragen Sie das Modell, bevor Sie es malen.

Es gibt keine zwei Menschen, die sich gleichen. Geben Sie jedem Modell bis in die kleinsten Einzelheiten den ihm eigenen Charakter.

Die Skizze ist die Kunst, mit der man den Charakter erfaßt; sie besteht aus den Hauptlinien, die für das Werk und seinen Geist charakteristisch sind.

Studieren und beobachten Sie die Posen, die für jedes Alter charakteristisch sind.

In jeder Bewegung gibt es eine Linie, die wichtiger ist als die anderen.

Ein Zeichner muß seine Augen überall haben; er muß alles gleichzeitig sehen und bis zuletzt die Harmonie und die Genauigkeit seines Werkes beibehalten.

Zeichnen Sie die Augen, als gingen Sie damit spazieren.

Man malt, wie man zeichnet.

Packen Sie das Schwarz kraftvoll an, aber entwickeln Sie es weiter.

Man sieht nicht zuerst das Weiß, sondern die Halbtöne und die dunklen Schatten.

Einzelheiten sind Schwätzer; man muß sie sich gefügig machen.

Beachten Sie genau die Begrenzungen der Schatten, der Halbtöne und des Weiß.

Vermeiden Sie ein Übermaß an Spitzlichtern und Reflexen. Sie könnten das Volumen zerstören.

Das Porträt einer Frau darf nicht zu dunkel ausfallen; es sollte im Gegenteil so hell wie möglich sein.

Der Erfolg gründet sich auf die Form.

Man muß nach einem bestimmten Grundsatz perfekt aufbauen, die Linien zusammenfassen, die großen Maße vergleichen und die langen Striche überprüfen und harmonisieren.

Sehen Sie die Entwicklung, die die Kunst genommen hat: Zunächst war Michelangelo, dann kam Raphael, der seine Größe Michelangelo verdankt. Beide erreichten den Gipfel der Geistigkeit. Und welchen Weg wählten sie? Den der Demut, der Unterwerfung, indem sie schlicht und einfach abzeichneten, was sie sahen.

Abb. 129: Jean-Auguste Dominique Ingres (1780–1867), Porträt des Künstlers im Alter von neunundsechzig Jahren. Öl auf Leinwand, Cambridge-Museum, Mass., Harvard University, Grenville L. Winthorp Bequest.

129

Die vollkommene Ähnlichkeit

Abb. 130 und 131: Der perfekte Aufbau des Kopfes ist eine Grundvoraussetzung für den Erfolg eines Porträts. In dieses Porträt von Winston Churchill habe ich bewußt Fehler eingebaut: so beim Abstand der Augen und ihrer Plazierung, bei der Größe der Nase und des Kinns (Abb. 130). Obwohl die Abweichungen gering sind, schaden sie der Ähnlichkeit. Der Kopf auf Abbildung 130 ist kein Porträt von Churchill.

Bei der „vollkommenen Ähnlichkeit" müssen wir zwei allgemeine, aber wesentliche Faktoren unterscheiden.
In physischer Hinsicht beruht die Ähnlichkeit auf

a) *einem mathematischen Aufbau des Kopfes und*
b) *der bewußten Übertreibung der charakteristischen Züge.*

In psychischer Hinsicht beruht die Ähnlichkeit auf

a) *der Haltung und der Pose des Modells*
b) *den charakterologischen Zügen des Modells.*

Beginnen wir mit jenen Faktoren, die die physische Ähnlichkeit ausmachen:

Der mathematische Aufbau des Kopfes

> *„Man muß nach einem bestimmten Grundsatz perfekt aufbauen, die Linien zusammenfassen, die großen Maße vergleichen..."*
> Ingres

Unter dem mathematischen Aufbau verstehen wir ganz einfach die exakte Berechnung und Aufteilung der Maße und Proportionen sowie die absolut korrekte Plazierung aller Elemente des Kopfes. Ein uraltes Problem also, das nichts an Bedeutung verloren hat. Ist es nicht gelöst, nützen alle folgenden Regeln und Faktoren nichts.
Die Ähnlichkeit entsteht im Grunde durch perfektes Zeichnen dessen, was man vor Augen hat.

Die bewußte Übertreibung der charakteristischen Züge

> *„In allem, was wir sehen, steckt eine Karikatur, die wir erkennen müssen. Der Maler muß ein gutes Gespür für die Züge eines Menschen besitzen und die Karikatur darin aufdecken."*
> Ingres

Auf der Grundlage dieses mathematischen, fotografischen Aufbaus des Kopfes des Modells muß der Künstler nun

130

131

seine gesamte Aufmerksamkeit den charakteristischen Zügen zuwenden. Er muß sie erkennen und hervorheben und sollte sie dabei leicht übertreiben, damit die physische Ähnlichkeit noch vollkommener wird. Das gelingt nur dem Künstler mit seiner schöpferischen Intelligenz. Der beste Fotoapparat kann es weder sehen noch ausführen.
Wie Ingres sehr richtig sagte: Man muß diese Karikatur anstreben. Sie steckt in allem, was man sieht.
Wenn man von einem Menschen spricht und zu erklären versucht, wie er aussieht, drückt man sich tatsächlich aus, als zeichne man eine Karikatur.
Betrachten Sie zum Beispiel die Fotos von Präsident Kennedy (Abb. 133) und General de Gaulle (Abb. 132).
Können Sie sagen, woran Sie die beiden erkennen?
„Nun, weil de Gaulle eine große Nase, ein längliches Gesicht, große Ohren, kleine Augen, eng zusammenliegende Augenbrauen und fleischige Lippen hat.
Und der mit der kleinen Nase, der niedrigen Stirn, dem dichten Haar, dem breiten Gesicht und den kleinen Ohren, das ist Präsident Kennedy."
De Gaulle, Kennedy, Sie und ich: Wir alle haben persönliche charakteristische Züge. Man braucht sie nur zu entdecken. Man muß wissen, wie man dies bewußt tut, und sie bewerten und mit den Maßen der anderen Gesichtsteile vergleichen, um ihre korrekte Höhe, Breite und Länge zu ermitteln. Dabei kann man ruhig ein wenig übertreiben, um jenes Bild zu schaffen, das auch andere von dem Modell haben. Dadurch erhalten wir die größtmögliche Ähnlichkeit.

132

133

Abb. 132 und 133: Betrachten wir zwei weitere berühmte Persönlichkeiten, General de Gaulle und John F. Kennedy, um nachzuweisen, daß man die wichtigsten Merkmale des Modells übertreiben muß, um eine perfekte Ähnlichkeit zu erreichen. Bei de Gaulle handelt es sich um seine kleinen Augen, die große Nase und die großen Ohren; bei Kennedy um den eckigen Kopf, die Stupsnase etc.

Eine praktische Lektion von Ingres

Die Haltung und die Pose des Modells

> *„Beschäftigen Sie sich mit der Pose des Kopfes und des Körpers. Befassen Sie sich vorab mit der natürlichen Physiognomie des Modells, und ziehen Sie daraus Ihre Schlußfolgerungen."*
>
> *Ingres*

Jeder von uns nimmt normalerweise eine bestimmte Haltung oder Pose ein, die uns kennzeichnet und die zu uns gehört wie unsere Hautfarbe oder der Klang unserer Stimme.
Manche Leute wirken von vorn männlicher als aus der Dreiviertelperspektive, und andere haben selbst im Profil noch stark ausgeprägte Gesichtszüge.
Als Ingres ein Porträt von Napoleon anfertigte, berücksichtigte er dessen übliche Körperhaltung: Er malte ihn mit angewinkeltem linken Arm, die Hand unter die Jacke geschoben, also in jener charakteristischen Pose, die allein schon Napoleons Persönlichkeit kennzeichnet.
Haltung und Pose ergeben sich aus dem Modell selbst. Unsere Aufgabe besteht darin, für Unbefangenheit zu sorgen, damit sich das Modell natürlich benimmt und seine vertraute Haltung einnimmt.

134

Abb. 134: Jean-Auguste Dominique Ingres, Konsul Napoleon Bonaparte (1804), Museum der schönen Künste, Lüttich. Manche Posen sind für ein Modell charakteristisch. Um Napoleon typisch darzustellen, braucht man nur seine linke Hand unter die Jacke zu schieben, wie es Ingres bei diesem Porträt tat.

Die charakterologischen Züge des Modells

> *„Man ist nur dann ein guter Künstler, wenn man in den Geist des Modells eindringt."*
>
> *Ingres*

Wie ist der normale Gemütszustand unseres Modells? Ist es fröhlich, zuversichtlich, entschlußfreudig? Oder eher pessimistisch, verschlossen, zögernd? Was sagt sein Gesicht darüber aus? Häufig spiegeln die Gesichtszüge den Charakter wider: Das Gesicht ist der Spiegel der Seele. Oft kann der erfahrene Künstler an den Mundwinkeln, am vorgeschobenen Kinn, den Falten unter den Augen und selbst am Blick den Charakter seines Modells „ablesen". Bauen Sie den Kopf sorgfältig auf, und unterstreichen Sie typische Formen. Zeichnen Sie das Modell in seiner vertrauten Haltung, und erfassen Sie seine Charakterzüge.

> *„Befragen Sie das Modell, bevor Sie es malen."*
>
> *Ingres*

Ingres rät, das Modell zu befragen, um es besser kennenzulernen, seine Züge und

137 135

136

Gesten zu beobachten und ein Vertrauensverhältnis zu schaffen. Es soll zeigen können, wer es ist und wie es ist; wie es sich normalerweise verhält und welche Charakterzüge sich am klarsten auf seinem Gesicht abzeichnen. Es handelt sich um eine mündliche Befragung, bei der man miteinander ins Plaudern kommt. Können Sie sich vorstellen, daß dies auch anhand von Zeichnungen und Vorskizzen möglich wäre, in denen man jene Faktoren untersucht, die für die Ähnlichkeit sorgen? Als wäre jede Zeichnung eine Frage? Doch, natürlich, das kann und muß auch auf diese Weise geschehen. So wird Ihre künstlerische Inspiration geweckt, und Sie befassen sich mit der künstlerischen Qualität Ihres Werkes, also mit der Komposition, den Kontrasten aus dem Spiel von Licht und Schatten, der Ausführungsart und dem Stil ...

Abb. 135 und 136: Bevor man zu zeichnen beginnt, muß man eine Weile mit seinem Modell reden, um seinen Ausdruck, seine Gesten und sein Verhalten besser kennenzulernen.

Abb. 137: „Befragen" Sie Ihr Modell anschließend mit Hilfe von Vorskizzen, anhand derer Sie die Haltung des Kopfes im Verhältnis zum Körper, die Lage der Hände etc. untersuchen können.

Die Ähnlichkeit mit dem Modell allein reicht nicht, um von einem guten Porträt zu sprechen. Das Porträt muß ein Kunstwerk an sich sein. Deshalb kommt der Beleuchtung, der Pose, der Komposition sowie den Tonwerten ebenfalls eine große Bedeutung zu. Im folgenden Kapitel befassen wir uns mit weiteren Ratschlägen von Ingres, der unter anderem zu seinen Schülern sagte: „Der Körper darf der Bewegung des Kopfes nicht folgen" und ihnen riet: „Befragen Sie Ihr Modell, bevor Sie zu malen beginnen." Sie werden erfahren, wie wichtig es ist, die Pose Ihres Modells zu untersuchen und seine Persönlichkeit unter den verschiedensten Aspekten zu betrachten, um seinen Charakter, seine gewohnten Ausdrucksformen etc. richtig zu erfassen.

Ferner behandeln wir in diesem Kapitel einige technische Fragen wie das Format des Porträts, die Maße des Körpers und des Kopfes innerhalb des Bildes etc.

138

Das Porträt als Kunstwerk

Die Beleuchtung

Für das gezeichnete Porträt benutzt man normalerweise eine künstliche Beleuchtung. Sie kann aus einer herkömmlichen Glühbirne von 100 Watt oder aus zwei 60-Watt-Birnen bestehen, von denen die eine das Modell und die andere das Bild anstrahlt.

Weshalb Kunstlicht und kein Tageslicht? Der erste und wesentliche Grund besteht darin, daß die Farbe bei der Zeichnung kaum eine Rolle spielt und man ausschließlich das Licht und den Schatten, also Weiß und Schwarz sehen muß. Der zweite Grund ist, daß künstliches Licht ausgerichtet ist. Es kann das Modell also besser ausleuchten und modellieren und die Züge sowie die wesentlichen Gesichtsteile präziser hervorheben. Drittens kann man die künstliche Lichtquelle bewegen und deshalb ausprobieren, welche Richtung am günstigsten ist, damit die Größe, die Form und die Lage von Eigen- und Wurfschatten optimal werden. (Außerdem kann man bei künstlichem Licht zu jeder Tageszeit arbeiten.)

Die beste Lichtrichtung

Das beste Licht für eine Porträtzeichnung kommt seitlich von vorn, und zwar mehr von vorn als von der Seite. Es versteht sich von selbst, daß wir beim Porträt keinen Wert auf lange, dichte Schatten legen. Sie würden es nur unnütz komplizieren und überladen. Es geht hier nicht darum, Gefühle bildhaft umzusetzen, sondern darum, ein Porträt anzufertigen, zu erklären, wie und was das Modell ist, die „Karikatur" von ihm zu erfassen, um auf Ingres' Ausdruck zurückzukommen.

Mehr Licht als Schatten: Das zeichnet das moderne Porträt aus. Diese Stilrichtung wollen wir genauer beschreiben.

> *Das Licht muß das Modell beinahe von vorn anstrahlen und sollte sich etwas oberhalb und seitlich von ihm befinden.*

Die Lichtquelle darf nur etwas seitlicher und nur ganz wenig höher liegen, damit die Nase keinen Schatten nach unten werfen kann; andererseits sollte sie aber soweit seitlich liegen, daß die dem Künstler zugewandte Seite im Schatten bleibt. Betrachten Sie dazu das Beispiel unten links. Dies ist eine allgemeine Regel, die man je nach der Physiognomie, dem Charakter sowie dem Alter und Geschlecht des Modells leicht abwandeln kann. Es wäre ein Fehler, eine für ein bestimmtes Modell herausgearbeitete Beleuchtung auch für alle folgenden Modelle zu verwenden. Untersuchen Sie die Beleuchtungsrichtung bei den Porträts auf den Seiten 62, 69, 90, 91, 92 und 93. Vergleichen Sie die Köpfe miteinander. Die Ausarbeitung ist jeweils anders. Beachten Sie auch die unterschiedliche Anlage der Schattenpartien beim Gesicht von Mann und Frau. Sie ist außerordentlich wichtig für die Interpretation des Modells.

Abb. 139: Die Beleuchtung der Porträtzeichnung kann aus Tageslicht oder Kunstlicht bestehen. Viele Künstler ziehen Kunstlicht vor, weil sie es ausrichten und zu jeder Zeit damit arbeiten können. Ideal ist jene Lichtrichtung, die die Gesichtszüge am besten zum Ausdruck bringt, also ein Licht seitlich von vorn, das aus einem bestimmten Winkel von oben fällt, damit die Nase nur einen kurzen Schatten wirft.

139

Abb. 140 bis 143: Natürlich ist nicht nur die zuvor beschriebene Beleuchtung erlaubt (Abb. 139). In Museen und Ausstellungen finden sich zahlreiche Beispiele für eine seitliche, seitlich-frontale oder halbe Gegenlichtbeleuchtung etc. Betrachten Sie dazu die Abbildungen auf dieser und der gegenüberliegenden Seite. Abb. 140: Isidro Nonell, „Asunción", Museum für moderne Kunst, Barcelona. Abb. 141: J. M. Henninger, Selbstporträt, Sammlung Mr. und Mrs. Henninger, Santa Monica, Kalifornien. Abb. 142: George Romey, Selbstporträt, Aquarell, National Portrait Gallery, London. Abb. 143: Francesc Serra, Kopfstudie, Pastell, Privatsammlung.

140

141

142

143

Die Pose

Hinsichtlich des Modells und seiner Interpretation sei daran erinnert, daß Kunstlicht eine Beleuchtung von gleichbleibender Qualität und Stärke garantiert. Das heißt, man erhält ein immer gleich helles Licht und harte, scharfe Schatten, die beim Mann und bei der Frau identisch sind.

Wir können und müssen das Modell jedoch interpretieren. Dazu halten wir die Schatten härter oder weicher und verwischen sie mehr oder weniger stark, je nachdem, ob es sich um ein kräftiges oder zartes Modell – Mann, Frau, Kind oder alter Mensch – handelt. Vergleichen Sie auf den Abbildungen das Modell mit seiner jeweiligen gezeichneten Interpretation. Nachdem die Beleuchtung festgelegt ist, befaßt sich der Künstler mit der Pose.

Wollen Sie das Porträt nur als Brustbild zeichnen, muß das Modell sitzen. Soll es ein Ganzbild werden, kann das Modell entweder sitzen oder stehen. In allen Fällen muß sich sein Kopf in Höhe Ihres Kopfes befinden. Erinnern Sie sich immer an diese wichtige Regel:

Die Augen des Modells müssen sich in Ihrer Augenhöhe befinden.

Das Modell muß sich wohlfühlen

Sie müssen es bitten, sich völlig natürlich zu benehmen, damit es in der Lage ist, solange wie nötig regungslos zu sitzen oder zu stehen, ohne Ermüdungserscheinungen zu zeigen. Vermeiden Sie vor allem komische, steife oder erstarrte Posen von Leuten, die sich gern „in Pose setzen". In solch einem Fall muß man das Modell ablenken und sich mit ihm unterhalten, bis es instinktiv eine entspanntere, natürlichere Haltung einnimmt.

Die Art der Kleidung, der Frisur etc.

Je steifer und gebügelter die Kleidung und deren Faltenwürfe sind, desto stärker entziehen sie sich der künstlerischen Interpretation.

Vermeiden Sie nach Möglichkeit eine neue Kleidung und gestärkte Stoffe, die unnatürlich wirken. Wählen Sie zum Beispiel einen Jungen mit einem Pullover oder ein junges Mädchen mit einer bereits getragenen Bluse etc.

„Zeigen Sie die Wahrheit, aber verschönern Sie diese"

Ist eine Jacke sehr zerknittert, lassen Sie einige Falten fort, damit sie angenehmer wirkt; besitzt ein junges Mädchen eine sehr hohe Frisur, und Sie haben den Eindruck, niedrigeres Haar stünde ihm besser, ändern Sie es ab. Ist das Modell außerordentlich kräftig, lassen Sie es schlanker erscheinen. Ist Ihr Modell ein starkbeleibter Mann, vermindern Sie seinen Bauch.

144

Abb. 144: Die Augen und das Haar von Modell und Künstler sollten sich auf derselben Höhe befinden. Jede Abweichung von dieser Grundregel kann zu Verzerrungen führen.

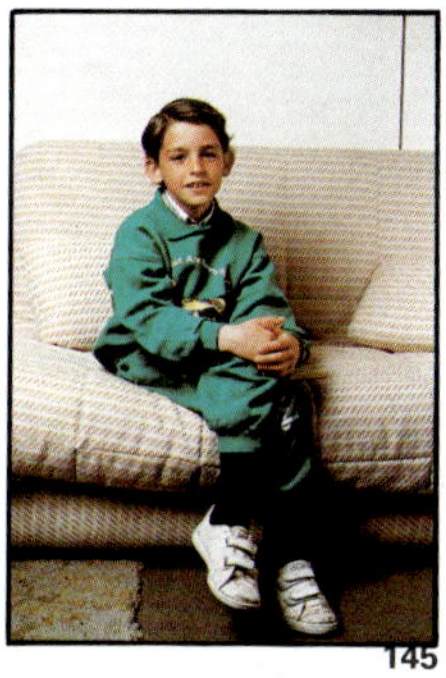

145

146

147

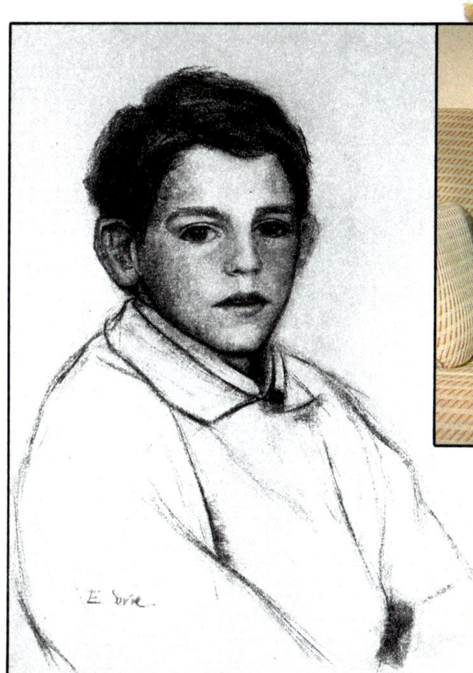

148

149

150

151

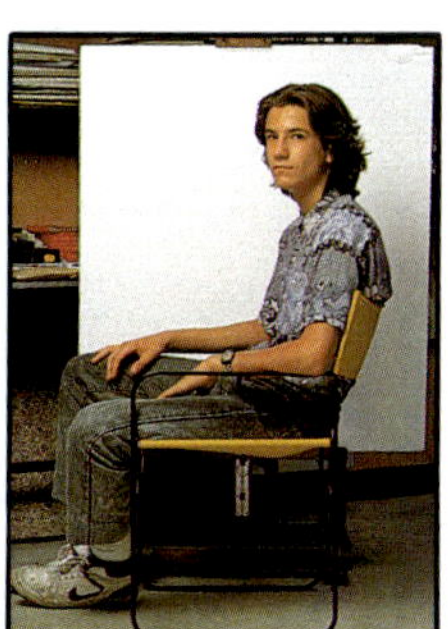

152

153

154

Abb. 145 bis 154: Vor Beginn des Zeichnens oder Malens muß man die Pose des Modells untersuchen. Bitten Sie es, aufzustehen, den Kopf zu drehen, die Beine übereinanderzuschlagen etc. Es muß sich völlig natürlich benehmen, soll sich wohlfühlen und sich nicht besonders vorbereiten, sondern sich wie gewöhnlich kleiden und frisieren.

Die richtige Pose und der Abstand zum Künstler

Abb. 155 und 156: Folgt der Körper nicht der Bewegung des Kopfes und ist der Oberkörper im Verhältnis zum Rahmen ein wenig dezentriert, wirkt das Porträt angenehmer und die Komposition ist besser.

Abb. 157 und 158: Ingres hielt sich beim Zeichnen und Malen oft an diese Regel: Er drehte den Körper zur Seite und stellte den Kopf von vorn dar. Viele Künstler tun aber das Gegenteil, so Modigliani, der in vielen Porträts den Körper und den Kopf von vorn zeigt. Abb. 157: Jean-Auguste Dominique Ingres, Nicolo Paganini, Bleistift, Zeichenkabinett, Louvre, Paris. Abb. 158: Amedeo Modigliani (1884–1920), Frau in Schwarz, Öl, Museum für Kunst und Geschichte, Genf.

Die richtige Pose für das Modell

Da sitzt das Modell vor Ihnen und wartet auf Ihre Anweisungen, um die eine oder andere Pose einzunehmen.
Beginnen Sie mit der Haltung des Kopfes im Verhältnis zum Körper, und erinnern Sie sich an Ingres' Rat:

> *„Der Kopf darf der Bewegung des Körpers nicht folgen."*

Sie müssen also darauf achten, daß der Kopf des Modells nicht in die Richtung weist, die der Körper eingenommen hat. Auf diese Weise erhalten Sie eine graziösere und nicht so steife Haltung. Betrachten Sie folgende Beispiele: Auf Abbildung 155 zeigen Kopf und Körper nach vorn, beinahe in einer Habacht-Stellung. Sie erkennen die langweilige, unbewegliche Pose, die Sie nach Ingres nicht wählen sollten. Auf der zweiten Abbildung schaut das Gesicht ebenfalls nach vorn, der Körper ist jedoch leicht zur Seite gedreht.

155

156

Es ist kaum zu leugnen, daß zahlreiche Maler ihre Modelle mehr als einmal genau von vorn dargestellt haben, als wollten sie sich über diese starre Haltung lustig machen. Beispiele dafür gibt es vor allem in der modernen Malerei. Die meisten Porträts von Modigliani weisen diese bewußt wenig akademische Pose auf.

157

1

Deshalb gilt: Folgen Sie derzeit noch Ingres' Rat: Geben Sie dem Kopf eine andere Richtung als dem Körper.

Geben Sie dem Modell, falls nötig, etwas in die Hand

Es gibt Leute, denen braucht man nicht zu sagen, was sie tun müssen, wenn sie für ein Porträt sitzen. Sie halten die Hände von vornherein graziös und natürlich. Andere wissen nichts mit ihnen anzufangen. Neben der Möglichkeit, mit dem Modell zu plaudern und ihm Vertrauen einzuflößen, gibt es für solche schwierigen Fälle den „Trick", ihm etwas zu geben, um die Hände zu beschäftigen: dem Erwachsenen zum Beispiel ein Buch oder eine Zigarette, einem kleinen Mädchen eine Puppe etc. Dies sollte jedoch ein Hilfsmittel für ganz bestimmte Fälle bleiben und nicht zur Regel werden.

Vermeiden Sie weitestgehend perspektivische Verkürzungen

Sitzt das Modell frontal vor Ihnen, sehen Sie seine Schenkel in absoluter Verkürzung. Sitzt es seitlich und ist der Stuhl halb herumgedreht und liegt sein Arm auf der Lehne, ergeben sich ebenfalls Verkürzungen. Ohne eine absolute Regel daraus machen zu wollen, rate ich Ihnen, solche Verkürzungen zu vermeiden. Sie sind schwierig darzustellen und nicht sehr angenehm zu betrachten.

Zwischen Ihrem Stuhl und dem des Modells muß sich beim Brustbild bis zur Taille ein Abstand von etwa zwei Meter befinden. Für ein Porträt des Kopfes kann dieser Abstand bis auf eineinhalb Meter verringert werden. Beim Ganzbild des stehenden Modells muß der Abstand größer sein – etwa drei bis vier Meter.

Abb. 159: Die Künstler geben ihren Modellen häufig ein Buch zum Lesen, um die Position der Hände festzulegen.

159

160

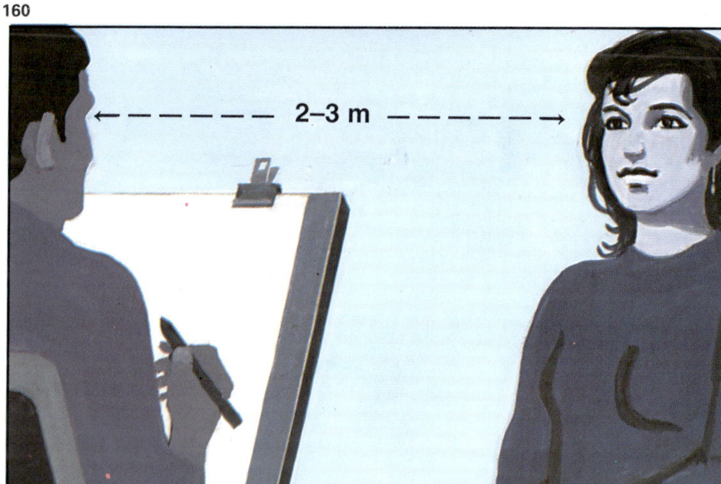

161

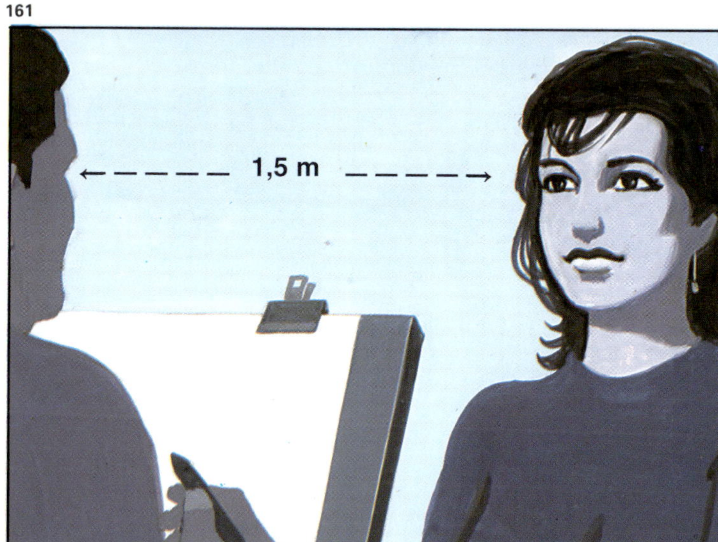

Abb. 160 und 161: Für ein reines Porträt des Kopfes muß der Abstand zwischen dem Künstler und seinem Modell auf etwa eineinhalb Meter verringert werden. Bei einem Halbporträt sollte der Abstand zwei bis drei Meter betragen. Kommt der Künstler jedoch zu den Gesichtsteilen – Augen, Nase etc. –, muß er sich dem Modell erneut auf etwa eineinhalb Meter nähern.

Skizze und Komposition

Versuchen Sie, unter Berücksichtigung der zuvor erwähnten Erkenntnisse, jene Position zu finden, die in künstlerischer Hinsicht das beste Ergebnis verspricht. Setzen Sie sich dafür mehrmals um und verändern Sie jeweils den Blickwinkel, damit Sie das Modell mehr oder weniger von vorn sehen. Beziehen Sie bei den Veränderungen auch die Position des Modells mit ein. Fertigen Sie mindestens fünf Skizzen an, auch wenn Sie die erste schon für gelungen halten. Es gibt immer noch etwas zu verbessern.

> *Die erste Sitzung muß ausschließlich dem Studium der Pose (Beleuchtung, Ähnlichkeit etc.) gewidmet werden. Dieses erfolgt anhand von Vorskizzen.*

Mit der endgültigen Zeichnung beginnt man also frühestens in der zweiten Sitzung.

Die Lösung eines Kompositionsproblems

Darum handelt es sich , wenn Sie versuchen, die beste Position für Ihr Modell zu finden: Sie lösen ein Kompositionsproblem, das durch die Form des Modells und das ideale Verhältnis zwischen dem Block der Tonwerte und dem auf dem Papier vorhandenen Platz vorgegeben ist. Erklären wir das an einem Beispiel, damit es leichter verständlich wird.

Die Komposition beim Porträt des Kopfes

Entscheiden Sie zunächst, ob Sie das Modell lieber von vorn, aus der Dreiviertelperspektive oder im Profil darstellen wollen. Bedenken Sie dabei, daß die Position von vorn und aus der Dreiviertelansicht am geläufigsten sind. Gleichzeitig müssen Sie darauf achten, daß der Kopf des Modells in eine andere Richtung zeigt als der Körper. Damit folgen Sie Ingres' Rat.

Kommen wir jetzt zur Plazierung der Zeichnung innerhalb des Gesamtbildes. Wohin soll sie gelegt werden? In die Mitte? Etwas höher oder niedriger? In diesem Zusammenhang eine wichtige Regel für die künstlerische Komposition: Aufgrund einer optischen Täuschung liegt das visuelle Zentrum einer Fläche etwas höher als der geometrische Mittelpunkt.

Abb. 162 und 163: Aufgrund einer optischen Täuschung liegt das visuelle Zentrum einer Fläche etwas höher als der tatsächliche oder geometrische Mittelpunkt.

Abb. 164 bis 166: Die Plazierung des Kopfes innerhalb des Bildes wird von seiner Pose bestimmt. Bei der Frontalansicht ist er normalerweise zentriert. Bei der Dreiviertelansicht sollte man vorn etwas mehr Platz lassen als dahinter. Dasselbe gilt für eine Darstellung im Profil.

162

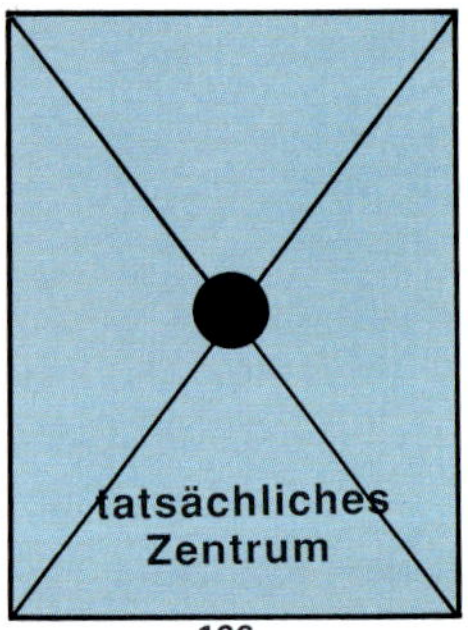

163

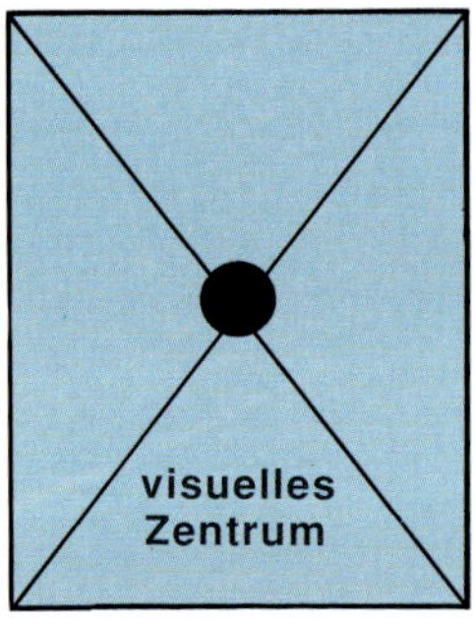

164

165

166

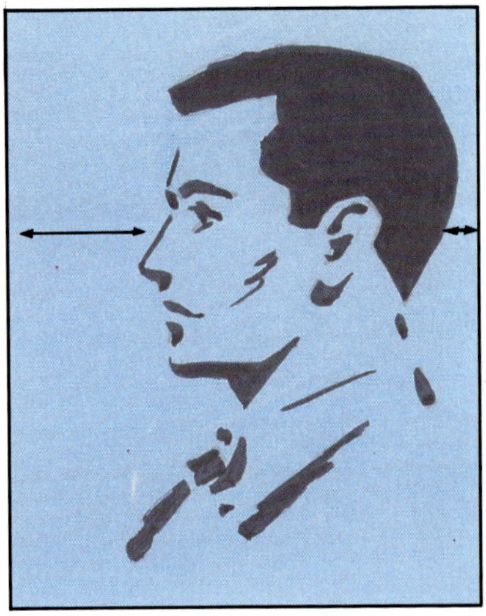

Befassen wir uns jetzt mit der Plazierung des tonalen Blocks innerhalb der Papierbreite. Hier drei klassische Lösungen:

a) Zeichnet man das Modell von vorn, sollte sich der Kopf in der Mitte befinden.
b) Zeichnet man das Modell aus der Dreiviertelperspektive, muß er etwas dezentralisiert werden, wobei man vorn mehr Platz läßt als dahinter.
c) Zeichnet man den Kopf im Profil, muß er sich noch seitlicher befinden und vorn ebenfalls mehr Raum haben als dahinter.

Uns interessieren nur die Fälle b und c. Sie zeigen, daß der Platz vor dem Gesicht immer etwas größer sein muß. Ingres gibt uns dazu eine präzise Regel:

> *„Damit das Modell ‚atmen' kann, lasse man vor dem Gesicht mehr Raum als dahinter."*

Berücksichtigen Sie stets die folgenden beiden Regeln: Ermitteln Sie das visuelle Zentrum und lassen Sie vorn mehr Platz als dahinter. Das gilt für diesen und alle weiteren Fälle.

Die Komposition eines Porträts bis zur Taille

Hier ist das Problem der Pose wesentlich komplexer. Sitzt das Modell, kann es die Hände zum Beispiel auf die Knie oder auf den rechten oder linken Schenkel legen und die Arme mehr oder weniger verschränken. Der Körper kann nach vorn und der Kopf leicht zur Seite gedreht sein; oder der Körper ist beinahe im Profil, und der Kopf zeigt zum Maler. Gleichzeitig kann der Oberkörper leicht nach vorn geneigt werden und sich von der Rückenlehne lösen. Das Modell kann sich aber auch hoch aufrichten und sich dabei auf die Rückenlehne stützen. Oder es lehnt sich richtig an, beugt sich darüber und läßt den Körper nach rechts oder links fallen etc.

167

168

169

170

171

172

173

174

Abb. 167 bis 174: Die Pose des Modells ist für ein Porträt von entscheidender Bedeutung. Zahlreiche Künstler widmen die erste Sitzung ausschließlich dem Studium der Pose und fertigen zahlreiche Skizzen davon an. Gleichzeitig lernen sie ihr Modell besser kennen.

Vorskizzen zum Studium der Pose

175

176

177

178

179

180

Es gibt eine solche Vielzahl von Varianten bei der Komposition eines Halbporträts, daß man nur folgenden praktischen Rat geben kann: Bestimmen Sie zunächst die Haltung des Kopfes, und skizzieren Sie anschließend die verschiedenen Positionen des Körpers. Fertigen Sie dafür rasche Skizzen an, und zeichnen Sie nur die Grundformen sowie den Kopf als einfaches Oval.
Bei den Skizzen auf dieser Seite handelt es sich um Vorskizzen von Francesc Serra. Diese wollen wir jetzt analysieren.

Abb. 175: *Erste Skizze.* Hier untersucht Serra, wie das Modell den linken Arm auf die Lehne stützt.

Abb. 176: *Zweite Skizze.* Dieselbe Skizze mit einer leichten Variante. Das Modell sitzt weiter zurück, man sieht seine Gestalt besser.

Abb. 177: *Dritte Skizze.* Körper und Arm des Modells neigen sich weiter nach rechts.

Abb. 178: *Vierte Skizze.* Das Modell hat sich aufgerichtet, so daß der rechte Arm näher am Körper liegt. Der Stuhl steht seitlicher.

Abb. 179: *Fünfte Skizze.* Die Pose ist stark verändert. Das Modell dreht den Kopf leicht zur Seite, und man sieht diesmal einen Holm des Stuhls.

Abb. 180: *Sechste Skizze.* Dies ist Serras endgültige Skizze. Der Holm ist verschwunden, ebenfalls der untere Teil des Rocks. Die Schulter und der linke Arm sind stärker zurückgenommen und folgen der Linie des Halses. So ist die Pose in Ordnung.

Bildformat und Maße der Zeichnung

Allgemeine Merkmale des Porträts
Bei der Porträtzeichnung besteht der Hintergrund fast immer aus der Farbe des Papiers.

Als Ausnahme von dieser Regel zeichnet der Künstler manchmal auf einer abgestuften Fläche, um einen bewußten Farbkontrast zu schaffen und die helleren Partien des Modells stärker hervorzuheben. Ich wiederhole jedoch: Das ist nicht die Regel. Die Pose ist in der ersten Sitzung also festgelegt worden. Der Künstler hat dafür fünf oder sechs Skizzen gezeichnet und für jede nicht einmal zehn Minuten benötigt. In eineinhalb Stunden hat er also eine Zeichnung erhalten, die ihm als Entwurf für das endgültige Porträt dient.
Bevor er das Modell entläßt, markiert er die Position der beiden Stühle – seines und den des Modells – auf dem Boden mit Kreide.

Das Bildformat
Das normale Format einer Porträtzeichnung des Kopfes oder des Oberkörpers beträgt die Hälfte eines normalen Zeichenblattes. Das ganze Blatt mißt 50 x 65 cm, die Hälfte beträgt demnach 50 x 32,5 cm. Handelt es sich um ein Ganzbild, kann die Größe verdoppelt werden. Konkret gesagt:

Das übliche Format eines Porträts beträgt:

Nur Kopf oder Oberkörper:	32,5 x 60 cm
Ganzbild	65 x 50 cm

Auch wenn diese Formate am geläufigsten sind, gibt es Ausnahmen, wenn der Künstler sein Porträt lieber mit anderen Proportionen anfertigen möchte.

Das Format der Zeichnung
Hier geht es um die Maße des Kopfes und des Körpers innerhalb der Fläche, deren Maße wir soeben untersucht haben. In diesem Punkt sind sich alle Künstler einig. Niemand würde ein Brustbild

181

182

183

Abb. 181 bis 183: Wie bereits erwähnt, gibt es bei den Porträts ähnlich wie bei den Keilrahmen für die Ölmalerei gewisse Standardmaße. In der Praxis ist jedoch alles erlaubt, und der Künstler kann seine Porträts in einem Spezialformat, quadratisch, verlängert etc. malen. Beispiele dafür sind die Werke von Graham Sutherland (1903 bis 1980), W. Somerset Maugham, Tate Gallery London (Abb. 181); Egon Schiele, Porträt von Max Oppenheimer, Bleistift, Tinte und Aquarellfarbe, Graphische Sammlung, Albertina, Wien (Abb. 182); Paul Cézanne (1833–1906), Selbstporträt, Öl auf Leinwand, Musée d'Orsay, Paris (Abb. 183).

oder ein Ganzbild in Originalgröße zeichnen. Alle arbeiten mit verkleinerten Maßen, die beinahe auf den Zentimeter übereinstimmen:

Größe des Kopfes bei der Porträtzeichnung

Kopf allein	12 bis 15 cm Höhe
Beim Porträt bis zur Taille	10 bis 12 cm Höhe
Beim Ganzbild	7 bis 9 cm Höhe

Halten Sie sich an diese Maße und Proportionen, wenn Sie ein Porträt nach einem lebenden Modell anfertigen.

184

Abb. 184 bis 186: Betrachten Sie zum Abschluß diese drei Zeichnungen des Künstlers Ramon Casas (1866–1932): Porträts von Pablo Picasso, des Musikers Pablo Casals und ein Selbstporträt. Darin erkennen Sie die korrekten Proportionen bei einem Ganzbild, einem Brustbild und dem Kopf allein (Museum für moderne Kunst, Barcelona).

185

186

Zur Illustrierung dessen, was wir bisher über die Zeichnung des menschlichen Kopfes und des Porträts gesagt haben, wollen wir Ihnen nun als Beispiel für die Herstellungsweise und den Stil einige Porträts bekannter Künstler vorstellen. Wir beenden dieses Buch mit der schrittweisen Herstellung zweier Porträts: eines mit Rötel und ein weiteres mit Farbkreiden auf farbigem Papier. Es handelt sich um ein Porträt sowie um mein Selbstporträt. Das Verfahren für letzteres und das Ergebnis werden hoffentlich in Ihnen den Wunsch wecken, die Übung ebenfalls durchzuführen und unter Berücksichtigung aller Lektionen dieses Buches mit einem Spiegel vor Augen ein Selbstporträt anzufertigen.

187

Das Porträt in der Praxis

Das Bleistiftporträt

Abb. 188: Die Bleistiftmine gibt es in einigen Varianten: als Stift, als Mine von 5 bis 8 mm, die mit einer Kunststoffschicht überzogen ist, damit man sich beim Zeichnen nicht die Hände beschmutzt. Alle Varianten existieren in mehreren Gradationen, die vom normalen Härtegrad HB bis zu den weichen Graden 2B bis 8B bei Faber und bis 9B bei der Marke Cumberland reichen.
Am geeignetsten für eine Porträtzeichnung mit Bleistift ist sehr feinkörniges Papier, der beste Radiergummi ist knetbar.

Der Bleistift ist das verbreitetste Zeichengerät. Seine Verwendung ist einfach und für das Porträt geradezu klassisch. Der Stift besteht normalerweise aus Zedernholz und einer Mine aus Graphit und Ton. Das Graphit ist metallisch und fühlt sich fett an. Der Ton dient als Bindemittel. Je mehr Graphit eine Mine enthält, desto weicher ist der Bleistift und umgekehrt. Im Handel sind ferner Stäbchen und dicke Minen, wie der reine Graphitstift, die – wie wir später sehen werden – ständig für Porträtzeichnungen verwendet werden. Benutzt wird ferner der normale Bleistift HB sowie die weicheren Stifte 2B oder 4B, die man mit weiteren, noch weicheren – 6B oder 8B – abwechselt, um ein sehr intensives Schwarz zu erzeugen.
Wie Ihnen bereits bekannt, lassen sich mit dem Bleistift oder Graphitstift außerordentlich breite Tonwertskalen vom hellsten Grau bis zum intensivsten Schwarz anlegen. Man erhält sie mit Hilfe von Strichen und Verschmelzungen mit dem Wischer oder dem Finger, die dem Porträt große Ausdruckskraft verleihen.

Auf den folgenden Seiten zeigen wir Ihnen einige Beispiele von Porträts von Francesc Serra, ein Spezialist auf diesem Gebiet. Ich habe den Künstler kennengelernt und gemeinsam mit ihm gearbeitet. Daher kann ich Ihnen die folgenden Einzelheiten mitteilen:

Papier: Büttenpapier, übliche Qualität.
Bleistifte: Koh-i-noor oder Faber 2B und 4B. Außerdem benutzt Serra eine weiche Bleistiftmine, etwa so groß wie Pastellkreide, um damit große Schatten anzulegen (wie mit Zeichenkohle), abzustufen und Konturen zu verschmelzen, die er je nach Einzelfall anschließend verwischt.
Radiergummi: Typ Mallat.
Fixativ: In der Regel fixiert Serra seine Zeichnungen nicht, da sie sofort gerahmt werden sollen.
Staffelei: Serra verwendet dafür einfache Zeichenpappe, die er auf eine ihm zugewendete Stuhllehne stützt.
Beleuchtung: Kunstlicht. Normale 100-Watt-Birne mit gewöhnlichem Schirm, die von der Decke hängt.
Abstand vom Modell: 1,5 bis 2 Meter.
Erste Sitzung: Sie dient dem Studium der Pose und der Komposition. Dazu fertigt Serra eine Reihe kleinformatiger Skizzen an.
Technik: Umzeichnung mit dem Bleistift HB. Schatten und Schwarztöne mit 2B und der bewußten Bleistiftmine. Abstufungen mit dem Finger wechseln mit unmittelbaren Strichen ohne Verwischen.

188

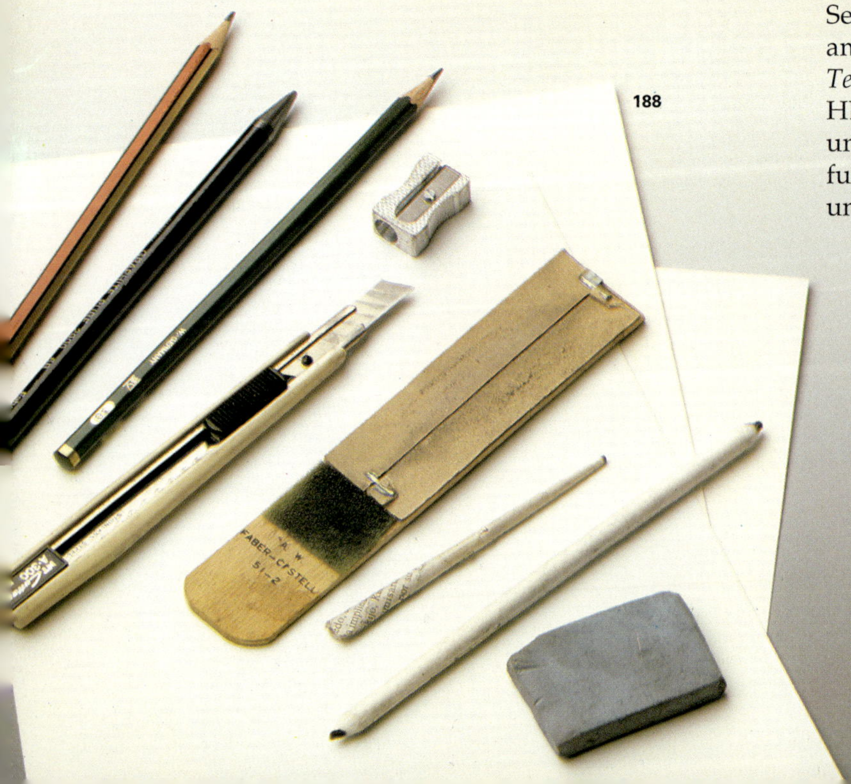

Abb. 189: Hier ein herrliches Bleistiftporträt. Der Kopf und das Gesicht bilden das Interessenszentrum und heben sich vom übrigen Körper ab, der linear dargestellt ist. Der Stil ist originell und sehr für ein Bleistiftporträt geeignet.

189

Abb. 190: Bei diesem Porträt ist die Komposition entscheidend: Sie besteht aus einem dreieckigen Schema mit einer Diagonalen und erinnert an die Kompositionen von Rembrandt (unterer Teil im Schatten, oberer Teil beleuchtet). Außerdem ist sie dank der dunklen Flekke im oberen Teil des Kopfes und für das Schoßhündchen sehr ausgewogen. Ein ausgezeichnetes Porträt von Francesc Serra.

190

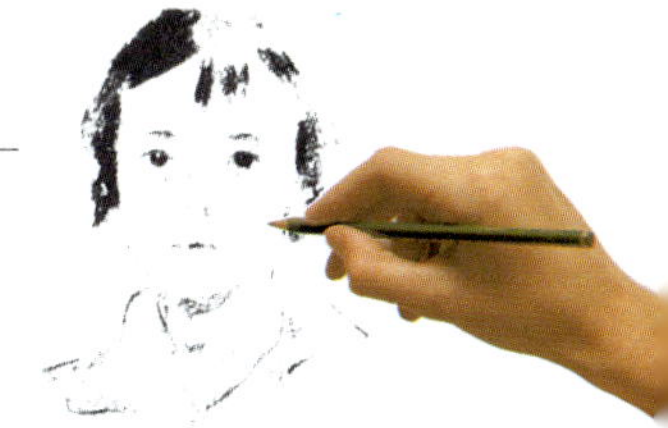

Halbporträt und Kopf allein

Abb. 191: Porträt eines Kinderkopfes mit Puppe. Hier sehen Sie, was ein Künstler und Meister der Porträtkunst wie Francesc Serra mit einer Bleistiftmine erreichen kann.

191

Die Vorzüge der Bleistiftmine

Abb. 192: Dasselbe gilt für Camille Pissarro, der seine ersten Bilder mit „Pissarro, Schüler von Corot" signierte, denn er hielt sich an dessen Farben, Stil, Komposition etc. Ich selbst könnte dieses Bild mit: „J. M. Parramón, Schüler von Serra" unterzeichnen. Denn ich habe während des Zeichnens viele Stunden in Francesc Serras Atelier verbracht und sein außerordentliches Können bei der Herstellung von Porträts bewundert.

192

Abb. 193: Immer noch im Stil von Serra, hier ein Bleistiftporträt auf satiniertem Papier von Arches, das vor allem mit einer Vollmine entstand. Ich habe es erst kurz vor der Herausgabe dieses Buches abgeschlossen.

193

Das dreifarbige Porträt

Abb. 194: Porträts kann man nicht nur mit Bleistift auf weißem Papier anfertigen, sondern auch auf cremefarbenem oder farbigem Papier mit Kreiden oder Pastell in Rot, Dunkelsepia, Schwarz oder Weiß arbeiten und eine ganze Reihe weiterer Töne als Farbtupfer (Kobaltblau hell, Violett, Dunkelgrün etc.) hinzufügen.

Es gibt keinen Grund, eine Porträtzeichnung ausschließlich mit Blei- oder Kohlestift auf weißem Papier anzufertigen. Schon um 1480 entdeckte Leonardo da Vinci die Vorzüge und Möglichkeiten einer farbigen Kreidezeichnung auf cremefarbenem Papier mit weißen Spitzlichtern. Weiße Kreide und Rötelkreide gleichen beinahe Pastellfarben. Rötelkreide wird mit Eisenoxid gefärbt und wurde bereits für die Grabzeichnungen der alten Ägypter verwendet. Leonardo da Vinci erreichte in dieser Technik eine derartige Perfektion, daß andere große Künstler – Michelangelo, Raffael, Correggio und Pontomo – seinem Beispiel folgten und sie zu einem festen Bestandteil der Figuren- und Porträtzeichnung machten. Mit der Zeit begannen diese und andere Künstler, Rötelkreide mit dem Kohlestift zu verbinden. Im 18. Jahrhundert, in der Mitte des Rokoko, entwickelten die französischen Maler Watteau, Fragonard und Boucher die sogenannte Zeichnung à trois crayons (dreifarbige Zeichnung) und verwendeten dafür Schwarzkreide oder Zeichenkohle, Rötel und weiße Kreide auf farbigem Papier.
Dies ist eine ideale Möglichkeit, Gestalten und Porträts zu zeichnen, da der Künstler mit so einfachem Material alle Farben und Tonwerte der Haut, des Haars und der Augenbrauen sowie die ganze Breite von Licht und Schatten wiedergeben kann.
Heutzutage werden häufig zusätzliche Kreiden oder Pastellfarben in Verbindung mit dieser Technik verwendet, um Farbtupfer mit Dunkelsepia, Ultramarinblau oder Dunkelgrün im Hintergrund oder in der Kleidung des Modells anzubringen.
Auf den folgenden Seiten erfahren Sie, daß die Arbeit mit Farbkreiden und Rötel kein großes Geheimnis darstellt.

Abb. 195: Ein Beispiel für ein Porträt à trois crayons, wie die Franzosen sagen. Einfacher ausgedrückt, mit drei Farben. Berühmte Künstler von Rubens über Fragonard, Watteau und Boucher haben diese Technik verwendet.

195

Miguel Ferrón zeichnet ein Halbporträt mit Rötel

196

197

198

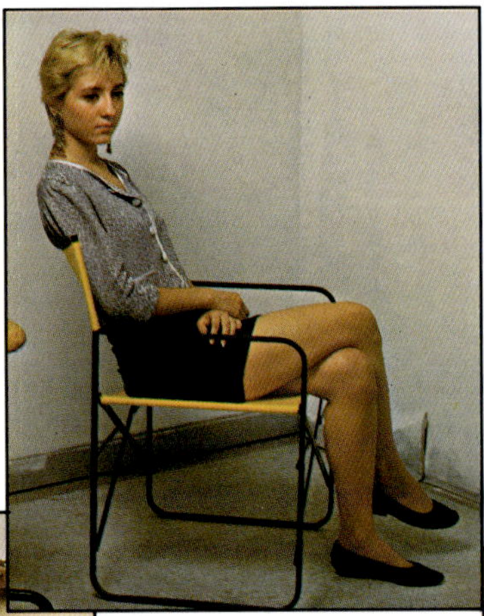
199

200

Miguel Ferrón ist Professor für Zeichnen an der Massana-Schule, einer der bedeutendsten Schulen der schönen Künste Spaniens. Er wird für uns ein Halbporträt mit Rötel und weißer Kreide auf cremefarbenem Papier anfertigen. Ana, ein blondes junges Mädchen mit hübschem Gesicht, ist sein Modell.

Ferrón versucht zunächst, das Modell – seinen Charakter, seine normale Ausdrucksweise, seine Gesten, seine Art und Weise, zu schauen, zu lachen, zuzuhören – näher kennenzulernen. Er unterhält sich eine ganze Weile mit ihm und setzt „die Befragung", wie Ingres es nannte, anschließend mit der Untersuchung unterschiedlicher Posen fort, um die aus künstlerischer Sicht angenehmste Gestaltung zu finden. Beachten Sie in dieser Beziehung die Pose des Modells auf Abbildung 200 (Ferrón zeichnet eine seiner Skizzen), und betrachten Sie Abbildung 202 gegenüber. Sie sehen, daß der Kopf in dieselbe Richtung wie der Körper weist. Dies ist aus ästhetischer Sicht keine angenehme Pose, vor allem wenn man sie mit den anderen beiden (Abb. 201 und 203) vergleicht, die sich an Ingres' Rat halten – nach dem der Körper der Bewegung des Kopfes nicht folgen darf – und daher künstlerischer sind.

Abb. 196: Dies ist Miguel Ferrón, der Künstler, den wir eingeladen haben, um für uns ein Porträt mit Rötel zu zeichnen.

Abb. 197: Bevor man das Porträt beginnt, sollte man sich mit dem Modell unterhalten, um seinen Charakter, seine normale Ausdrucksweise etc. kennenzulernen.

Abb. 198 bis 200: Ana, das Modell, posiert für den Künstler Miguel Ferrón.

Abb. 201 bis 204: Ferrón untersucht die Pose anhand mehrerer Vorskizzen.

Ferrón entschließt sich am Ende für die Pose auf Abbildung 204, die seiner letzten Skizze entspricht (Abb. 203).

Vorbereitungen: eine Reihe von Skizzen

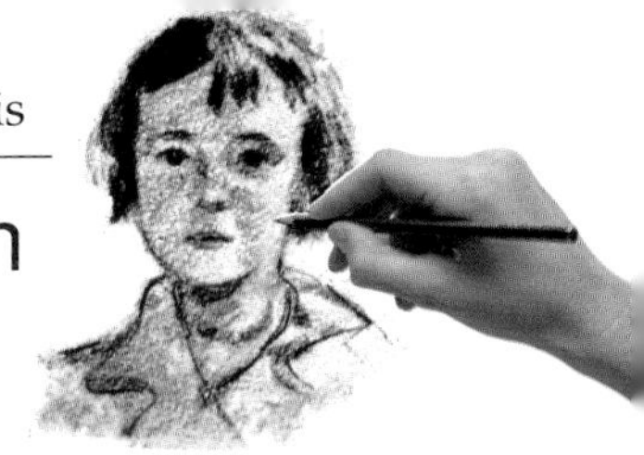

201

202

203

204

Erstes Stadium: Material und Eingangsstruktur

207

Abb. 205: Diese Pose von Ana wählt Ferrón für seine Zeichnung des Halbporträts aus.

205

210

208

206

209

Abb. 206: Das Zeichenmaterial für ein Halbporträt mit Rötel
Von links nach rechts:
Normaler Radiergummi
Radierstift
Wischer
Farbige Kreidestifte: Weiß, Rötel, Sepia und Schwarz
Farbkreiden
Lappen zum Löschen und Verwischen

Abb. 207: Ferrón hält sich zu Beginn der Zeichnung an den Kanon des menschlichen Kopfes.

Abb. 208: Eingangsstruktur des Halbporträts als lineare Zeichnung ohne Schatten.

Abb. 209: Anschließend entfernt Ferrón teilweise die Eingangszeichnung, um mit größerer Genauigkeit erneut darauf aufzubauen.

Abb. 210: Er beginnt das Porträt mit den Gesichtsteilen, immer noch als Eingangszeichnung.

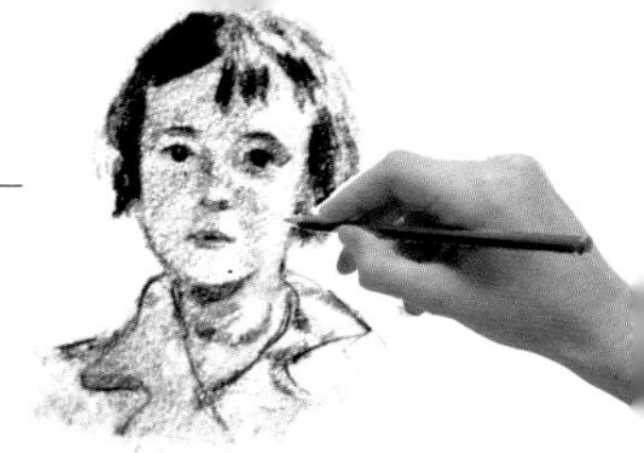

211

212

Abb. 211 bis 213: Hier das Ergebnis am Ende des ersten Stadiums, in dem Ferrón zunächst den Aufbau des Kopfes und des Körpers erneuerte (Abb. 211) und anschließend in Form einer Synthese die Tonwerte für das Spiel von Licht und Schatten anlegt (Abb. 212).

213

Auf der gegenüberliegenden Seite sehen Sie auf Abbildung 206 unten ein Foto des Materials, mit dem Ferrón arbeitet. Neben Kreiden und Stiften mit Rötel, Sepia und Weiß, Wischern, einem Lappen und einem gewöhnlichen Radiergummi beachten Sie bitte besonders den weißen Stift (ganz links). Dabei handelt es sich um einen Radierstift, mit dem Ferrón kleine Spitzlichter hervorholt.
Ferrón beginnt sein Porträt mit Rötelstrichen für die Lage der Augenbrauen, der Unterkante der Nase und des Kinns. Dabei hält er sich an die Maße des Kanons des menschlichen Kopfes (Abb. 207). Anschließend skizziert er die restliche Gestalt, radiert die Striche aus oder, besser gesagt, löst sie auf (Abb. 208 und 209), um den Kopf und das Gesicht anschließend erneut zu zeichnen und zu präzisieren (Abb. 210). Er zeichnet den Körper noch einmal linear (Abb. 211) und verstärkt den Strich solange, bis die Zeichnung praktisch fertig ist. Endlich legte er mit der flach aufgelegten Kreide einige Schatten an (Abb. 212) und beendet dieses Stadium (Abb. 212).

Zweites Stadium: das Gesicht

214

215

Abb. 217: Ferrón zeichnet nun den Mund und befaßt sich zwischendurch mit dem Aufbau des anderen Auges.

Abb. 218: Während der Eingangsphase des Porträts hatte Ferrón das Zeichenbrett mit dem Papier senkrecht auf eine Studiostaffelei gestellt. Im zweiten Stadium neigt er es stärker und stützt es auf seinen Schoß und den Sitz eines Hockers, um so besser den Kopf und die Gesichtsteile zeichnen zu können. In dieser Position kann er sowohl die Zeichnung als auch sein Modell betrachten, ohne den Kopf zu bewegen.

216

217

Abb. 219: Während er den Aufbau des linken Auges beendet, hat Ferrón eine Regel Ingres' im Gedächtnis: „Der Abstand zwischen den beiden Augen muß die Breite eines weiteren Auges besitzen."

218

Abb. 214: Die Zeichnung nähert sich einer delikateren Phase, und Ferrón arbeitet nun mit einem Blatt Papier unter der Hand, um seine Arbeit sehr sorgfältig vor Schmutz- und Schweißflecken zu schützen.

Abb. 215 und 216: Hier sehen Sie, mit welchem Trick Ferrón weiche Töne und Schatten anlegt: Er zeichnet zunächst mit dem Rötelstift und einem Extrablatt (Abb. 215), nimmt die Farbe anschließend mit einem Wischer auf und malt damit (Abb. 216).

Bisher hat Ferrón das Zeichenbrett mit seinem Papier senkrecht gehalten und auf seine Studiostaffelei gestellt. Jetzt will er das Gesicht zeichnen. Deshalb neigt er das Zeichenbrett stärker und stützt es in einem Winkel von 45 Grad auf den Schoß und den Sitz seines Hockers. Er verringert seinen Abstand zum Modell jedoch nicht; dieser beträgt weiterhin etwas mehr als zwei Meter.

Wie Abbildung 218 zeigt, kann der Künstler aufgrund seiner Position und der Haltung des Zeichenbrettes seine Zeichnung und das Modell nur durch die Bewegung seiner Augen, ohne Kopfbewegung, im Blick behalten. Ferrón arbeitet mit einem Schutzblatt unter der Hand, um Schmutzstreifen und Schweißflecken zu vermeiden (Abb. 214). Unter dieser Vorsichtsmaßnahme arbeitet er erstmals mit dem Sepiastift.

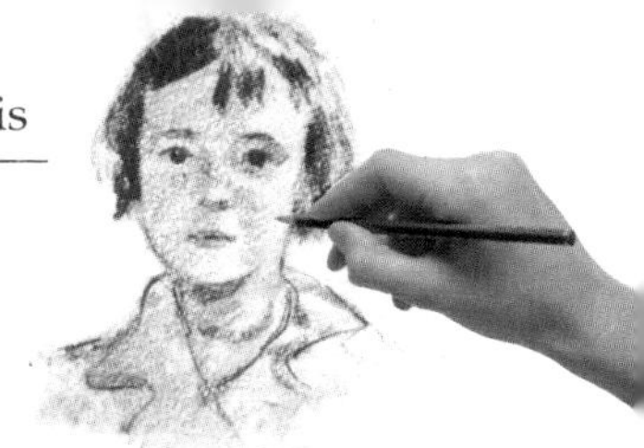

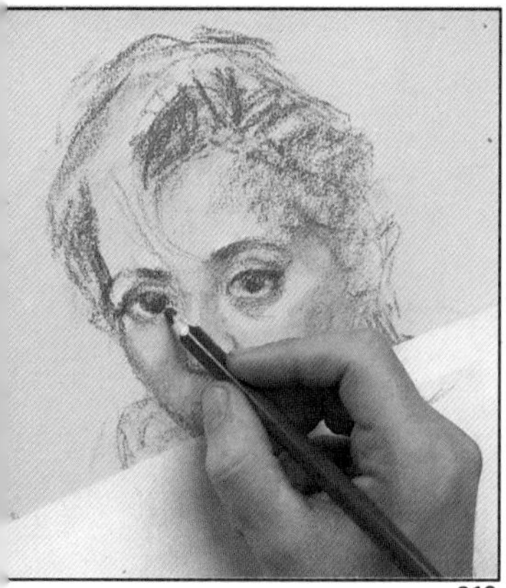

219

220

Abb. 220: Diesen Radierstift benutzt Ferrón, um das Weiß und etliche Spitzlichter für das Gesicht hervorzuholen.

Abb. 221 und 222: Ferrón verwischt abwechselnd mit den Wischern und den Fingern. Letztere benutzt er für die größeren Gesichtsflächen.

Abb. 223: Das Ergebnis am Ende des zweiten Stadiums weist bereits den Reichtum an Farben und Nuancen auf, der sich ausschließlich mit Rötel, Siena und der Grundfarbe des Papiers erreichen läßt.

221

222

223

Abbildung 215 enthält ebenfalls etwas Wissenswertes: Ferrón zeichnet mit dem Rötelstift kräftig in einer Ecke des Schutzblattes, nimmt die Farbe anschließend mit einem Wischer auf und zeichnet damit die mittleren Töne für die Ausarbeitung des Gesichtes (Abb. 216). Er fährt mit dem dunklen Sepia fort, zeichnet den Mund und bearbeitet das linke Auge.
Weiter geht es mit dem Radierstift. Ferrón öffnet damit ein Weiß, verringert einen Tonwert, präzisiert eine Form bzw. ein Spitzlicht (Abb. 220). Erneut zeichnet er mit Sepia und verwischt die mehr oder weniger größeren Flächen zwischendurch immer wieder mit den Fingern, vor allem mit dem Daumen.
Am Ende dieses Stadiums (Abb. 223) zeigt Ferrón die Zeichnung seinem Modell. Ana lacht. „Ja, das bin ich", erklärt sie erstaunt. Mich erinnert die Arbeit an eine Rötelzeichnung von Elena Fourment, Rubens Ehefrau und Modell.

Drittes und letztes Stadium: die Ausarbeitung

224

225

226

227

Ferrón erfüllt eine Grundregel von Ingres, wenn er sagt: „Von Anfang an muß die Zeichnung etwas Endgültiges haben. Alles muß so ausgeführt werden, daß man sie jederzeit einem Publikum vorführen könnte. Sie muß bereits eine gewisse Ähnlichkeit aufweisen, die gegen Ende immer perfekter wird."
Er beginnt dieses letzte Stadium der Perfektion mit einer Serie von Strichen mit dem Sepiastift, um Anas Frisur anzulegen (Abb. 224). Er betont weiterhin das Weiß und die größten Spitzlichter mit dem weißen Kreidestift (Abb. 225) und verstärkt anschließend jene Linien mit der Sepiakreide, die das Haar modellieren. Dafür legt er die Kreide flach auf und zeichnet mit energischen, spontanen Strichen (Abb. 226).
Anschließend befaßt er sich mit dem Körper. Nun hält er den Stift innenliegend, zeichnet mit ausgestrecktem Arm und lehnt sich zurück, um alles gleichzeitig überblicken zu können und das Bild als Ganzes zu betrachten. Einzelheiten dürfen jetzt nicht mehr besonders auffallen (Abb. 227).
Gleich ist das Porträt fertig. Ferrón arbeitet ganz gelöst und berechnet jeden Schritt und jeden Strich. Er beschließt, den Arm und die Hand, auf die Ana das Kinn stützt, etwas stärker auszuarbeiten. Er steht auf, stellt das Zeichenbrett wieder senkrecht auf die Staffelei, schaut, beobachtet und denkt laut nach: „Ich glaube, ich sollte den Körper und das Kleid nicht übermäßig ausarbeiten ... Einige Striche, einige weiche Töne, um sie zu modellieren, dürften genügen." Er nimmt den Lappen, wickelt ihn um den Zeigefinger und verwischt die Flecken, Striche und Schatten (Abb. 228). „So, nicht wahr?" Er tritt zurück und betrachtet das Porträt aus einiger Entfernung. „Es ist fertig", sagt er und signiert es.

Abb. 224 bis 226: Ferrón beendet die Zeichnung des Kopfes und der Gesichtsteile und verstärkt dafür die Kontraste, konkretisiert die Formen, präzisiert die Tonwerte und vervollkommnet die künstlerische Qualität.
Abb. 227: Während er den Kopf und die Gesichtsteile zeichnete, hielt Ferrón den Stift normal. Jetzt faßt er ihn innenliegend, um den Körper mit größeren Strichen anlegen zu können.
Abb. 228 (gegenüber): Zum besseren Verwischen der Formen und Tonwerte des Körpers und des Kleides verwendet Ferrón den Zeigefinger und einen Lappen, wie Sie es auf dieser Abbildung sehen.
Abb. 229: Die Zeichnung von Ferrón entspricht meiner Ansicht nach den beiden Grundbedingungen, die Ingres seinen Schülern für die Porträtkunst nannte: „Sie muß eine absolute Ähnlichkeit aufweisen und eine erhebliche künstlerische Qualität besitzen."

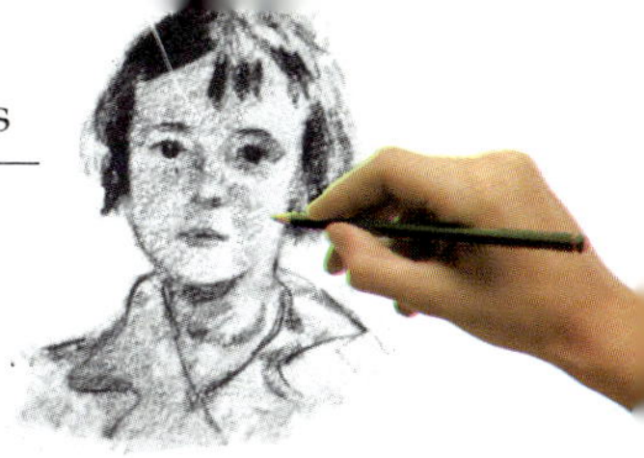

229

228

José M. Parramón zeichnet ein Selbstporträt mit Bleistift

230

231

Abb. 230 und 231: José M. Parramón zeichnet hier ein Selbstporträt. „Ich habe dazu einen großen Spiegel aus meinem Haus verwendet", erklärt der Künstler. „Eignen würde sich auch ein kleinerer Spiegel aus dem Badezimmer."

Als zusammenfassende Übung für den Inhalt dieses Buches schlage ich vor, daß Sie ein Selbstporträt anfertigen, um die Zeichnung des menschlichen Kopfes und des Porträts zu erlernen.
Ich werde mein eigenes Porträt herstellen, damit Sie Schritt für Schritt das Was und Wie verfolgen können. Und ich werde schwarzweiß mit einem Bleistift zeichnen, damit es nicht so schwierig wird. Sie benötigen einen Spiegel, ein Zeichenbrett oder eine Zeichenmappe, Zeichenpapier von guter Qualität (ich arbeite mit einem halben Blatt Büttenpapier mit mittlerem Korn), drei Bleistifte der Gradationen 2B, 3B und 6B (ich bevorzuge Vollminen von Faber) und einem knetbaren Radiergummi (es geht auch ein normaler Plastikradierer).
Das ist schon alles. Nein, noch nicht ganz. Sie brauchen noch eine Lampe, die Ihr Gesicht von oben in einem Winkel von etwa 45 Grad beinahe frontal beleuchtet. Widmen Sie die erste Sitzung ausschließlich dem Studium, und zeichnen Sie Ihren Kopf in unterschiedlichen Posen: den Körper beinahe im Profil, den Kopf von vorn, aus der Dreiviertelperspektive, etwas mehr, etwas weniger ...

232

233

234

235

Abb. 232 bis 234: Der erste Schritt besteht im Studium der Pose, der Beleuchtung und der Komposition anhand einiger Vorskizzen.

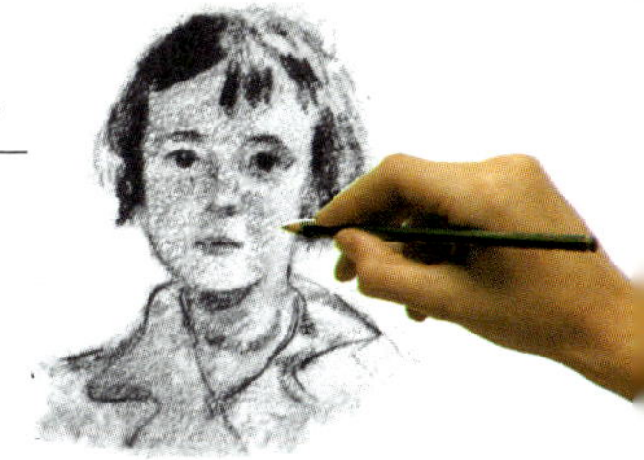

Erstes Stadium: der Kanon als Grundlage

Wählen Sie jedoch eine Pose, bei der Sie sich selbst und die Zeichnung betrachten können, ohne den Kopf zu bewegen. Legen Sie vorab den Winkel und einen Anhaltspunkt fest, damit Sie Ihre Kopfhaltung genau beibehalten.
Ich habe die Vorstudien (Abb. 232 bis 234) bereits erledigt und mit dem Selbstporträt begonnen. Zunächst halte ich mich an den Kanon, an die Maßeinheiten für die Höhe der Stirn, der Nase, der Kinnunterkante und die symmetrische Mittelachse (Abb. 236). Auf deren Grundlage baue ich die ersten Gesichtsteile auf. Meine Brille bietet eine zusätzliche Hilfe bei der Anlage und proportionalen Berechnung der Augen und der Nase (Abb. 237 und 238). Um einige Spitzlichter im Brillengestell auszusparen, radiere ich die Stellen mit dem gespitzten, knetbaren Radiergummi und retuschiere sie anschließend mit dem Bleistift (Abb. 239, 241 und 242). Das Ergebnis sehen Sie am Ende dieses ersten Stadiums (Abb. 240).

236

237

238

239

240

241

242

Abb. 235: Parramón beschließt, das Selbstporträt mit Bleistift zu zeichnen, und verwendet dazu Vollminen der Gradationen 2B, 3B und 6B von Faber.

Abb. 236 bis 238: Parramón berechnet die Maße und Proportionen anhand der Module des Kanons des menschlichen Kopfes. Dazu sagt er: „Sie stellen eine zusätzliche Hilfe für den guten Aufbau dar."

Abb. 239, 241 und 242: Mit Hilfe des knetbaren Radiergummis lassen sich kleine Formen oder Linien auf dunklem Grund ziehen – in diesem Fall ein Spitzlicht im Brillengestell.

Abb. 240: Hier das Stadium des Selbstporträts am Ende der ersten Aufbauphase.

Zweites Stadium: Lösung und Ausarbeitung

243

244

245

246

Abb. 243: Ausnahmsweise verwischt Parramón hier einige Schatten des Gesichts. Trotzdem sollen die Striche auf der Papierstruktur eindeutig erhalten bleiben.

Abb. 244: Parramón zieht eine Reihe von Strichen auf einem Extrablatt, um eine kegelförmige Spitze zu erhalten, mit der er die Grautöne und Flächen des Gesichts großflächig anlegt.

247

248

249

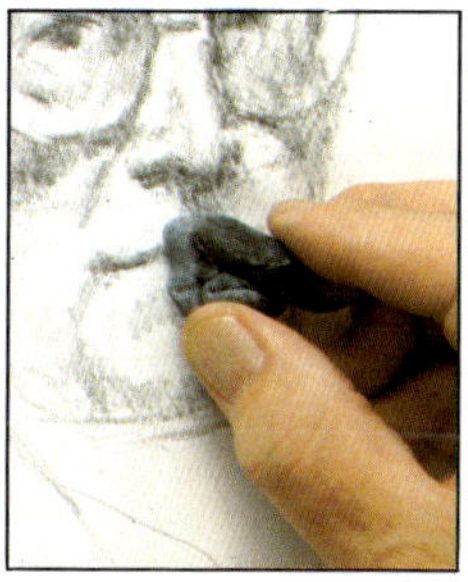

250

Abb. 245 bis 247: Hier sehen Sie, wie Parramón den Stift innenliegend hält und mit der breiten kegelförmigen Spitze zeichnet.

Abb. 249 und 250: Der knetbare Radiergummi läßt sich reinigen, um erneut damit radieren zu können.

Wenn Sie den Abschluß dieses zweiten Stadiums (Abb. 251) mit dem des vorigen vergleichen (Abb. 240), könnten Sie glauben, daß der Unterschied minimal ist und ich nur das Ohr und den Mund hinzugefügt habe. Trotzdem beinhaltet dieses Stadium das Studium von Licht und Schatten und des Ausdrucks, der für die Ähnlichkeit sorgt. Das Haar ähnelt meinem bereits; dank der wenigen Striche, die man beinahe als endgültig betrachten kann, wirkt es weiß. Die Nase ähnelt mir noch mehr; das Ohr, die Wange, das Kinn und der Mund ebenfalls, mit der Besonderheit, daß sich in dieser Skizze auch die innere – sympathische oder gefällige – Haltung abzeichnet, denn die möchte man ja in seinem Selbstporträt wiedergeben.

Einige weitere konkrete Punkte auf dieser Seite sind ebenfalls von Interesse: Nachdem ich die Bleistiftspitze mit einem normalen Anspitzer erneuert habe, streiche ich damit energisch über ein Blatt Papier, um einen breiten Kegel zu erhalten (Abb. 244), mit dem ich mit kräftigen Strichen das Ohr, den Mund und die allgemeinen Grautöne anlegen kann (Abb. 245 bis 247). Auf der Abbildung oben links (Abb. 243) verwische ich die Striche mit einem Finger. Bedenken Sie, daß die Striche in dem Zeichenstil, den ich hier vorstelle, die Grundstruktur bilden. Das Verwischen kommt erst an zweiter Stelle.

Betrachten Sie schließlich auf Abbildung 249 und 250, wie man den knetbaren Gummi mit den Fingern wieder reinigt und zu einem normalen Radiergummi macht.

Bisher habe ich ausschließlich mit dem Bleistift 2B gezeichnet.

251

Abb. 251: Schritt für Schritt werden die richtigen Tonwerte und die Ähnlichkeit erreicht, indem der Künstler die Zeichnung laufend verstärkt, korrigiert und vervollkommnet.

Drittes Stadium: Verstärkung der Kontraste

Ich zeichne jetzt mit dem Bleistift 3B, verstärke und kontrastiere die Tonwerte und vervollkommne gleichzeitig die Ähnlichkeit. Die Stirn, die Augen, die Nase und der Mund: Ohne mich irgendwo länger aufzuhalten, wechsele ich von einem Gesichtsteil zum anderen, zeichne und „spaziere" von Auge zu Auge, schwärze das Nasenloch und den Schatten der Nase, um zu diesem mittleren Stadium zu gelangen, das Sie auf Abbildung 255 erkennen, und fahre anschließend mit dem Mund und dem Kinn fort. Dabei lege ich auch das Grübchen nahe den Mundwinkeln an, das sich immer dann bildet, wenn man sich gut fühlt und jeden Augenblick zu lächeln scheint.
Am Ende dieses dritten Stadiums (Abb.

252

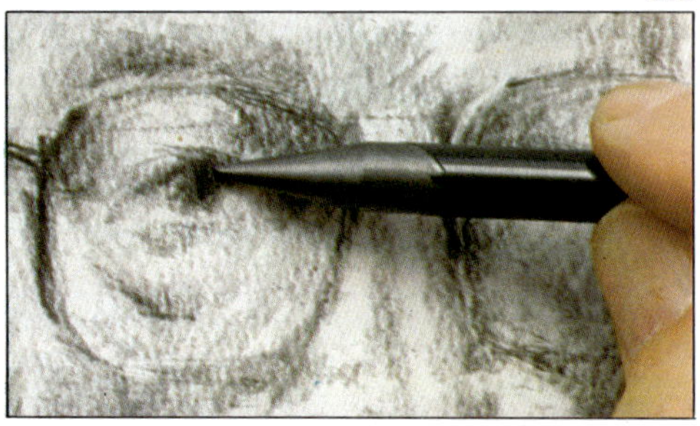

253

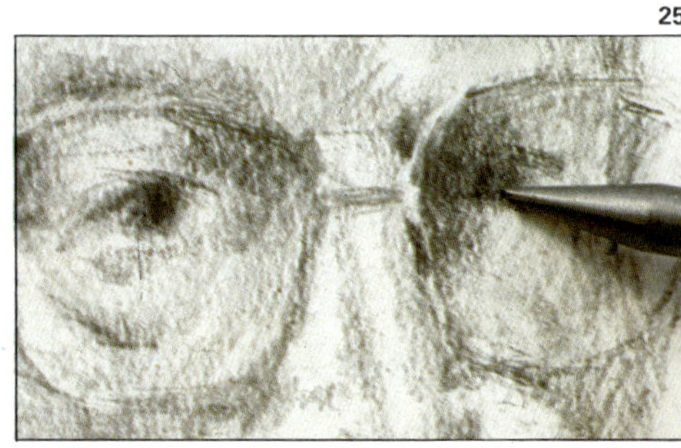

254

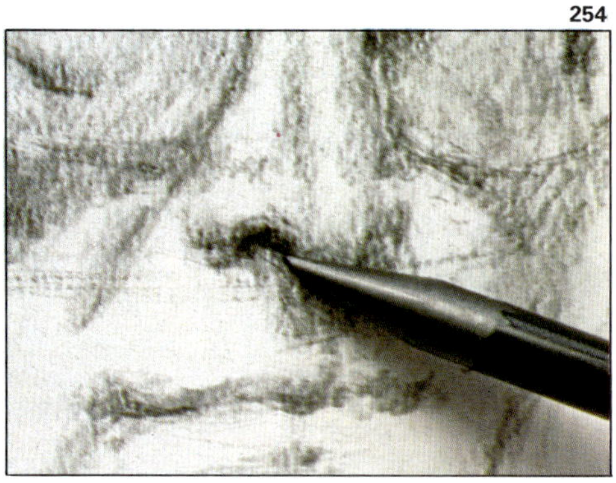

255

256

258

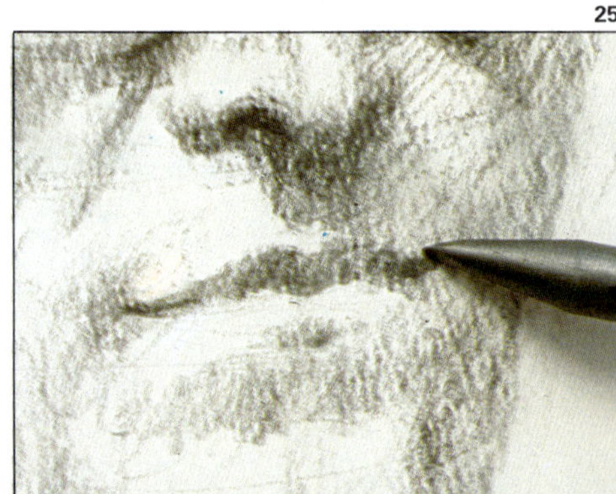

257

Abb. 252 bis 254: Auf diesen Abbildungen fügt Parramón Linien und Formen hinzu, die die Ähnlichkeit vervollkommnen. Dazu intensiviert und kontrastiert er die Werte mit dem weicheren Bleistift 3B.

Abb. 255: Als Folge dieser kleinen Korrekturen und der verstärkten Kontraste innerhalb der Augen und der Nase erhält das Selbstporträt aus künstlerischer Sicht eine größere Attraktivität.

Abb. 256 bis 258: Hier die Lösung einiger Formen, die für den Charakter und die Ausdrucksweise des Modells bestimmend sind.

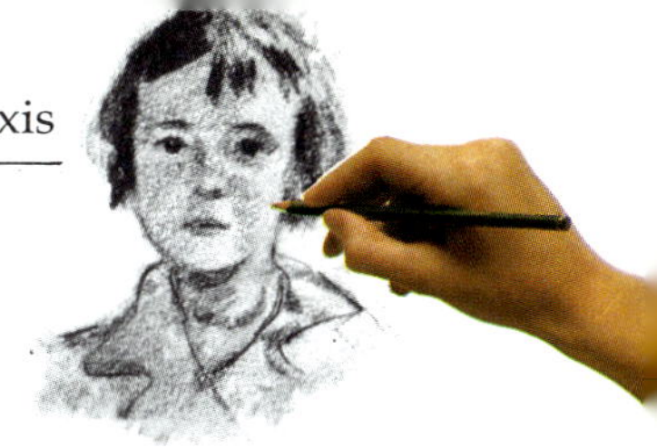

259) fehlt meiner Zeichnung nur noch eine letzte Sitzung für die Ausarbeitung. Jetzt sollte man sie bis zum nächsten Tag liegenlassen, um genügend Abstand zu bekommen und sie anschließend mit größerer Einsicht zu betrachten. Dadurch läßt sich die Zeichnung – in diesem Fall das Selbstporträt – noch weiter verbessern.

259

Abb. 259: Am Ende dieses Stadiums erkennen Sie die schrittweise Lösung des Selbstporträts von wenig nach mehr. Parramón hält sich dabei an Ingres' Rat, daß „es immer noch eine Möglichkeit gibt, das Endergebnis zu verbessern und zu vervollkommnen". Um dieses bessere Resultat zu erhalten, verschiebt er alles weitere auf den nächsten Tag.

Viertes und letztes Stadium: das fertige Selbstporträt

Es war mir nicht möglich, das Selbstporträt am folgenden Tag fertigzustellen. Zwei Tage vergingen, und ich betrachtete die Zeichnung zunächst in einem Spiegel, um mögliche Irrtümer zu entdecken. Das hat Leonardo da Vinci schon in seinem „Traktat über die Malerei" vorgeschlagen. Es ist erstaunlich, wie genau ein Spiegel jede Verzerrung aufdeckt: das im Verhältnis zum anderen nicht korrekt angelegte Auge, die nicht symmetrische Brille, die leicht verschobene Nase oder den verrutschten Mund etc. Abgesehen von diesem Trick mit dem Spiegel sehen Sie Ihre Zeichnung nach ein oder zwei Tagen wie etwas völlig Neues und können so das allgemeine Gleichgewicht der Tonwerte und Kontraste, die Teile oder Zonen, die noch geschwärzt, aufgehellt oder abgemildert werden müssen, besser erkennen.

Nachdem der Hals und das Hemd angelegt sind, verläuft die restliche Sitzung bedächtig. Ich berechne und analysiere jeden Schritt, jeden Strich, verstärke zum Beispiel das Schwarz der Augen und der Mundwinkel, verbessere kleine Formen, die Wimpern, die Falte neben der Nase, den Reflex im Brillenglas und hole den winzigen Lichtpunkt in den Augen mit der Klinge eines Cutters hervor.

Damit beende ich meine Zeichnung. Ich hoffe, Sie haben mitgemacht, und zwar mit Erfolg. Köpfe und Porträts zu zeichnen, lernt man nur durch Übung. Sie müssen es immer wieder versuchen, an sich arbeiten und zeichnen, auch wenn es auf Anhieb noch nicht gelingt. Denn, wie sagte der Weise: „Vor den Erfolg haben die Götter den Schweiß gesetzt."

260

Abb. 260: Das einzige Problem bei der Zeichnung des Halses besteht in der Anlage der korrekten Tonwerte im Vergleich zu den Tönen und Werten des Gesichtes. Die Zeichnung des Körpers – hier der Hals und das Hemd – muß in wenigen Strichen und Grautönen zusammengefaßt werden, die die Form ausdrücken.

261

Abb. 261: Dieser Ausschnitt zeigt den charakteristischen Stil einer Zeichnung aus Grautönen und Abstufungen ohne sichtbare Verwischungen.

262

Abb. 262: Innerhalb der Abschlußarbeiten und Retuschen „zeichnet" Parramón zwei winzige Spitzlichter in die Pupillen. Dazu kratzt er den Graphit mit der Klinge eines Cutters wieder ab.

Abb. 263: „Hier meine Zeichnung und der Abschluß dieses Buches. Belassen Sie es aber bitte nicht dabei. Nehmen Sie einen Spiegel, Bleistift und Papier, und beginnen Sie ebenfalls ein Selbstporträt. Sie werden es doch sicherlich tun, nicht wahr? Vielen Dank."

263